KB261423

한국 유학 생활
정복하기 ❶

한국어 발음 정복하기

김중섭·서진숙 l
류수영·아라키 요시코
이혜지·진송철·카와카미 요코 지음

집필

김중섭 Kim Jungsup
문학박사. 경희대학교 국어국문학과 교수

류수영 Ryu Sooyoung
경희대학교 대학원 국어국문학과 박사과정 수료

이혜지 Lee Hyejee
경희대학교 대학원 국어국문학과 박사과정 수료

카와카미 요코 Kawakami Yoko
경희대학교 대학원 국어국문학과 박사과정 재학

서진숙 Seo Jinsuk
문학박사. 경희대학교 국제교육원 객원교수

아라키 요시코 Araki Yoshiko
경희대학교 대학원 국어국문학과 박사과정 수료

진송철 Chen Songzhe
경희대학교 대학원 국어국문학과 박사과정 재학

*영어 번역
Krystal Bevan
경희대학교 일반대학원 한국어학 석사 졸업

한국어 발음 정복하기

초판 1쇄 발행   2016년 4월 14일

펴낸이   박민우
기획팀   송인성, 김선명, 박민하, 박종인
편집팀   박우진, 김영주, 김정아, 최미라
관리팀   임선희, 정철호, 김성언, 권주련
펴낸곳   (주)도서출판 하우
주소   서울시 중랑구 망우로68길 48
전화   (02)922-7090
팩스   (02)922-7092
홈페이지   http://www.hawoo.co.kr
e-mail   hawoo@hawoo.co.kr
등록번호   제306-2004-22호

값 17,000원
ISBN 979-11-86610-63-3   03710

한국어 발음 정복하기

김중섭·서진숙 l
류수영·아라키 요시코
이혜지·진송철·카와카미 요코 지음

Hawoo Publishing Inc.

한국 유학 생활 정복하기 – 발간사

최근 한국어의 인기가 높아지면서 외국인을 위한 한국어 교육이 지평을 확장해 가고 있습니다. 대학 입학에 뜻을 둔 학문 목적 학습자, K-Pop 등 한국 대중문화에 관심이 많은 취미 목적의 학습자뿐만 아니라 한국의 패션이나 미용에 관심을 가진 학습자들도 증가하고 있습니다. 이렇게 교육의 외연이 넓어진다는 것은 그만큼 다양한 교육 자료가 필요하다는 것을 의미합니다.

이런 상황을 맞이 한국어교육을 전공하는 대학원 박사과정생들과 함께 한국 생활에 유용하고 재미있는 교육 자료를 만들어 보자는 기획을 하게 되었습니다. 이에 학문 목적 학습자와 취미 목적의 학습자들이 공통적으로 배우고 싶어하는 '발음, 어휘, 문화' 분야에서 꼭 필요한 학습 내용을 도출할 수 있었습니다. 그리고 학습자의 이해를 돕기 위하여 영어, 중국어, 일본어 번역을 함께 실었습니다.

이 시리즈는 경희대학교에서 한국어교육을 전공하는 박사과정생들이 워크숍을 하면서 만든 결과물로, 외국인 유학생을 대상으로 한국어 학습의 흥미와 재미를 일으키는 데 초점을 두었지만 학습자 요구조사 및 인터뷰 등을 통해 이론적 논의도 잊지 않았습니다.

이 시리즈를 통해 여러분의 한국어 학습이 더욱 즐거워지고 생생한 한국어로 의사소통할 수 있게 되기를 바랍니다.

2016년 4월 책임저자 김중섭

Preface

As popularity for Korean is increasing, Korean education for foreigners has recently been expanding horizons. Not just students who plan to enter university, but also learners with an interest in Kpop and pop-culture and students who are also interested in, Korean fashion and beauty are on the rise. As education is broadening, more diverse educational materials are needed.

Thus, this became an opportunity for PhD students majoring in Korean education to create educational resources that are useful in real life and are fun. The necessary learning content was able to be derived in the areas of 'pronunciation, vocabulary and culture' which commonly wish to be learnt by students learning for educational purposes and students learning Korean as a hobby. Also, to help students' understanding, English, Chinese and Japanese translations were also included.

This series is a result of a workshop done by PhD students of Kyunghee University, majoring in Korean education and aims to be interesting and fun. However, through foreign student surveys and interviews theoretical discussion was not forgotten.

Through this series we sincerely hope that everyone can enjoy learning even more and can communicate through real Korean.

The lead author Jungsup Kim

韩国留学生活大攻克 发刊词

由于近期韩国的大众文化，音乐等因素备受亲睐，越来越多的人加入学习韩语的行列当中，韩国语教育也随之被关注。其中有想为上大学学韩语的，还有对韩国大众文化感兴趣而学韩语的，更有因为对韩国的时装和美容比较关注而学韩语的人士。大家学习韩语的目的变得非常多样，也促使我们去研究和开发更多样的教材。

对此，我们的执笔班子一同认为应该开发出有趣又实用的韩国语教材，最终一致认为应该往大家共同关心而想要学习的发音，词汇，文化下手。且为了读者方便理解，特别添加中日英文翻译。

此系列丛书是由庆熙大学韩国语教育专业的博士生们经过无数次的研究与讨论得出的结果，专门针对外国留学生能够开心的学习感兴趣的领域，但也不曾忽略理论上的探讨。

由衷地期望此系列丛书能让大家的韩语学习变得更愉快，也祝愿大家早日能用生动的韩语表达自己的想法。

2016年 4月 责任编辑 金重燮

「韓国留学生活の征服シリーズ」発刊によせて

近年、韓国語の人気が高まるとともに、進学や趣味、ファッション、美容、K-POPなどの韓国大衆文化の影響により様々な目的を持つ韓国語学習者が増加しています。これは学習者の目的に合わせた教材の多様化の必要性を意味しています。

このような中、実生活に活かせ楽しく学べる教材を作成することにし、様々な目的を持つ韓国語学習者が共通して学びたいであろう分野、「発音、語彙、文化」の３つのテーマでシリーズ化しました。また、外国人留学生のために英語、中国語、日本語の対訳も載せました。

このシリーズは、韓国語教育を専攻する慶熙大学の大学院博士課程の学生と共にワークショップを通し、韓国語学習への興味と面白さという面だけでなく、実際に外国人留学生を対象にニーズ分析をし、さらに理論的な議論のもと作成しました。

このシリーズを通し、韓国語学習がさらに楽しくなり、実践的なコミュニケーショが図れることを心から願っております。

2016年 4月 責任著者 金重燮

『한국어 발음 정복하기』를 내며

　우리는 외국어 학습에서 발음이 어렵다고 느낄 때가 많습니다. 이 때문에 외국어를 공부할 때 모국어에 없는 자음과 모음을 구별해 내면 큰 성취감을 느낍니다. 하지만 아무리 노력해도 외국어가 잘 들리지 않을 때, 들었는데 잘 발음할 수 없다고 느낄 때는 외국어 공부를 다시 해야겠다고 생각하기도 합니다. 발음은 이렇게 외국어 공부에서 중요한 위치를 차지하고 있습니다. 그래서 정확하게 그리고 끝까지 포기하지 않고 배우는 것이 중요합니다.

　이 책은 한국어 발음을 재미있고 유의미하게 배울 수 있도록 구성하였습니다. 먼저 외국인 학습자들이 한국인과 대화할 때 발음으로 인해 오해를 일으킬 수 있는 어휘와 자주 혼동되는 어휘 300쌍을 선별하였습니다. 그리고 이 어휘들이 실제로 사용되는 예를 볼 수 있도록 재미있는 대화 장면을 넣었습니다.

　발음 문제는 쉽게 해결되지 않습니다. 정확한 발음을 위해서는 학습자의 의지와 노력이 필요합니다. 이 책이 한국어를 배우는 학습자들의 발음 공부에 실질적인 도움이 되기를 바랍니다.

Conquering Korean Pronunciation

When learning a foreign language, many times we feel that pronunciation is difficult. Because of this, when studying a foreign language if we are able to distinguish consonants and vowels that do not exist in our mother tongue one feels great success. However, it does not matter how hard one tries, if one feels that they cannot hear or they can hear but are unable to pronounce it well they think they have to study the foreign language again. Pronunciation accounts for an important position in foreign language learning. Therefore, accurate learning and not quitting is important.

This book was designed so students can learn Korean pronunciation in a fun and meaningful way. First, 300 vocabularies, which cause issues and misunderstandings when conversing with Koreans because of the learner's pronunciation and frequently confusing vocabulary, were chosen. Then to show real life examples these vocabularies were placed in interesting dialogue and scenes.

Pronunciation problems are not easily resolved. In order to have accurate pronunciation, learners' will and hard work is required. We hope this book helps students when studying Korean pronunciation.

[韩国语发音大攻克] 编语

学习外语时，发音的对错总是让我们非常头痛。所以一旦能发出母语里没有的发音，那绝对是外语学习的一大成就。 但有时再努力听也听不准，或听到准确发音自己却发不出来时，都会觉得很沮丧。 所以学习正确发音，且坚持学习发音就变得十分重要。

此书能以开心愉快的方式让大家学习和练习韩国语发音。 首先挑选了与韩国人对话时经常容易发错音的３００对单词，再把这些单词在实际对话中和日常生活中的用法展现给大家，让大家即能练习发音，又能学习单词的用法。

发音的问题固然难解决. 为了准确的发音不仅需要长时间练习，也需要大家的努力和坚持。希望这本书能给韩国语学习者的发音状况带来实质性的改善和帮助。

『韓国語の発音征服』発刊によせて

私たちが外国語を学ぶ際、その発音の難しさに直面することも多いですが、母語にない発音を区別し正確に発音できたときは達成感を得ることができるでしょう。しかし、外国語がよく聞き取れず正しい発音ができなければ、再び学びなおそうと思うものです。よって外国語を学ぶ際には発音はとても重要であり、正確にそして最後まで諦めず学ぶことも必要です。

本書は、韓国語の発音を楽しく有意義に学べるよう構成しました。まず、外国人学習者が韓国語母語話者と会話する際、区別しにくい発音により誤解を招きやすい単語300対を選定し、それにより実際に誤解が生じると思われる会話シーンを作成しました。

発音の問題は簡単には解決することはできません。正確に発音するためには学習者の意志と努力が必要です。本書が韓国語学習者の発音学習に実質的に役立つことを願います。

일러두기

이 책에 제시한 어휘는 총 300쌍으로 100쌍은 대화문으로, 나머지 200쌍은 듣고 따라 하는 연습으로 제시하였습니다. 어휘는 초성 자음 순서대로 배열하였으며 모두 9장으로 되어 있습니다. '르'로 시작되는 장은 두음법칙으로 인하여 외래어를 제외하고는 한국어 어휘가 적기 때문에 제외하였습니다.

각 과는 한 쌍의 어휘를 중심으로 구성되었으나 비슷한 부류의 두 쌍의 어휘 발음 연습을 추가하여 각 과마다 총 세 쌍의 어휘를 연습할 수 있습니다. 각 장의 마지막에 연습문제를 싣고 부록에 영어와 중국어, 일본어 번역문을 실었습니다.

대화문은 한국인과 외국인의 대화로 화자의 발음 오류를 그대로 표현하였으며, 오류 단어 뒤에 (   )를 넣어 올바른 단어를 적어 놓았습니다.

이 책은 발음 오류를 교정하기 위한 것이므로 듣기를 먼저 하고 형태 학습을 하는 것이 좋습니다. 마지막으로 이 책은 독학용이므로 학습 시간과 장소에 구애 받지 않고 언제, 어느 곳에서든 학습할 수 있습니다.

Preface

There are a total of 300 pairs of words in this book, 100 of which are in dialogue and the remaining 200 are in listen and repeat practice. Vocabulary is in alphabetical order and arranged in 9 chapters. In the case of words beginning with '`ㄹ`' because of the 'initial sound rule' there are only a small amount of vocabulary with the exception of borrowed words and therefore these were excluded. One pair of words for a chapter was insufficient and therefore discarded. Each chapter consists of a central pair of vocabulary but two similarly categorized pairs were added for pronunciation practice so that there are a total of three pairs of vocabulary in each chapter which can be practiced. Each chapter's final practice exercises were added and English, Chinese and Japanese translations were added to the appendix.

The dialogue is conversations between Koreans and foreigners and the errors appear in the sentences as made by the speaker with the correct word placed in ( ).

This book was intended to correct pronunciation errors and so after listening first, it is good to study the word forms.

Finally, this book is a self-taught book so one can learn anytime, anywhere irrespective of time and amount of lessons.

本书的特征

本书共收录300对单词，其中100对作为主要单词出现在会话，其余200对作为发音练习出现在会话内容之后。大家可根据录音进行反复跟读与练习。

书中词汇的顺序是根据韩文的辅音顺序依次排列，且共有9章内容。其中辅音"ㄹ"由于韩文的头音法则，带有此音的韩语单词多数为外来词，故把此辅音排除在外。本书每节课的内容里有3对单词，1对作为主要单词贯穿课程内容，其余2对是与主要单词发音类似的单词，供作发音练习。另外，每章的最后设有练习题，附录中含有课文内容的英，中，日语翻译。

课文对话内容主要是韩国人和外国人的对话，且对话中把说话者的发音问题如实的反映在文章里，并且在有发音问题的单词后加上括号，括号里标注了发音错误单词的正确拼写。

本书的主要目的是矫正发音的问题，所以建议大家先听录音，然后再进行单词学习。

由于本书是作为自学用教材出版的，最后希望大家不受时间与地点的限制，随时随地的进行练习和学习，快速改善发音上的问题。

本書の特徴

本書で提示している単語は300対あり、そのうち100対は会話文、残り200対は聞いて発音練習できるようになっています。

語彙は韓国語の字母順(カナダラ順)で配列しており、全9章で構成されています。「ㄹ」で始まる章については、韓国語の頭音法則により外来語を除いて語頭にくる韓国語の単語が少ないため除外しました。各課は1対の単語を中心に構成されていますが、似たような発音間違いを起こしやすい2対の単語を追加し、各課で合わせて3対の単語を練習することができます。各章の最後に練習問題を載せ、付録に英語と中国語、日本語の会話文の翻訳を載せました。　。

会話文は韓国人と外国人からなり、外国人の発音間違いによる誤解が生じた会話場面であり、さらに間違った発音単語の後に正しい発音を(　)内に記載しました。

本書は正しい発音をするために改善を図るもので、まず正確な発音を聞いた後に繰り返し練習をすることが効果的です。

最後に本書は独学用として学習時間にとらわれず、いつでもどこでも学べるようにしました。

이 책의 단원 구성 This book's unit structure/本书的结构/本書の単元構成

본 교재는 크게 9장이고 그 안에 100개의 단원으로 되어 있습니다.

부록에는 각 단원 대화문의 번역본을 실었습니다.

This book has 9 main chapters and within that, 100 units. Each unit's translated dialogue can be found in the appendix.

本书共有9章内容，100课。附录含有每节课会话内容的翻译。

本書は9章からなり、さらに100課の単元で構成されています。付録には各課の会話文の翻訳が載っています。

따라해 봅시다 Let's Repeat
跟我读/聞いて発音してみましょう

주요 학습 어휘쌍을 듣고 비교하며 발음을 연습합니다.

Listen to the pair of vocabularies, compare and practice pronouncing the words.

听完主要单词的发音，互相比较，进行发音练习。

主な学習単語の対を聞いて発音の違いを比較し、練習します。

들어 봅시다 Let's Listen
听一听/聞いてみましょう

그 어휘가 실제로 사용되는 대화문으로 문장에서의 발음 형태를 익힙니다.

Become accustomed to the pronunciation of the words in real life sentences through dialogue.

将主要单词在文章里的实际使用情况展现给大家，可学习单词在文章里的发音情况。

主な学習単語が実際に使われている会話での発音の違いを聞きます。

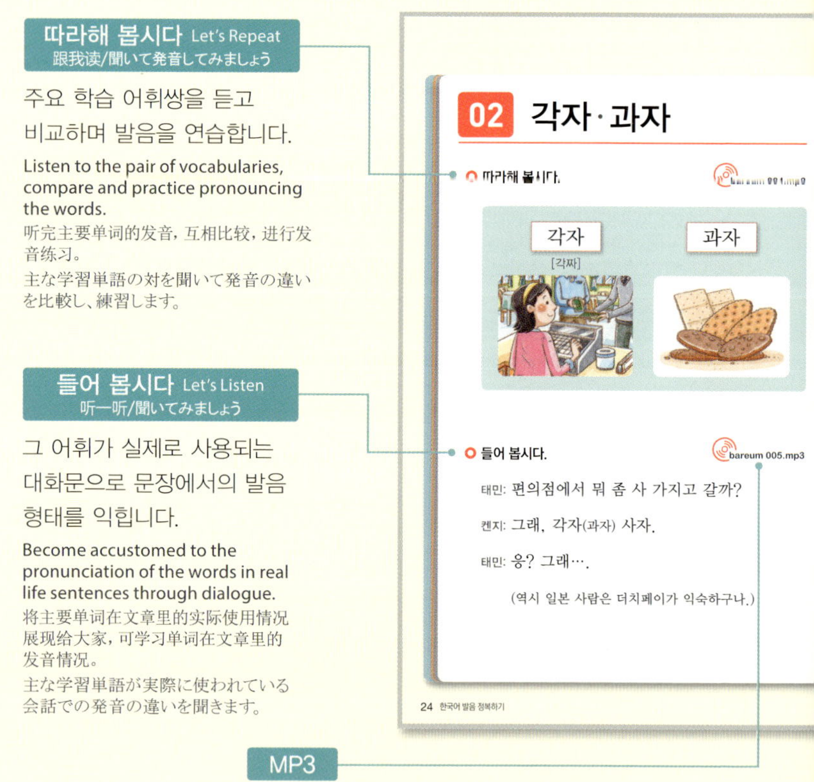

MP3

듣기 MP3로 정확한 발음을 연습할 수 있도록 했습니다.
By listening to an MP3, correct pronunciation can be practiced.
MP3录音，可供练习正确发音。
MP3に収録された音声を聞いて正確な発音練習ができます。

각 단원은 〈따라해 봅시다〉, 〈들어 봅시다〉, 〈알아봅시다〉, 〈연습해 봅시다〉, 〈확인해 봅시다〉의 주제로 구성되어 있습니다. 각 주제별로 듣기를 먼저 한 후에 형태 확인을 하도록 합니다.

Each unit is arranged under the following subjects: <Let's Repeat>, <Let's Listen>, <Let's Learn>, <Let's Practice>, <Let's Check>. After listening to each of the words, the word formation is examined.

每节课分别有"跟我读","听一听","了解一下","练习","自我检验"版块。大家可先进行每个版块的听力后，再进行单词学习。

各単元は、<聞いて発音してみましょう>、<聞いてみましょう>、<調べてみましょう>、<練習しましょう>、<確認しましょう>の4つの項目で構成されています。また、各項目では、はじめに正確な発音を聞いた後に発音の違いなどを確認します。

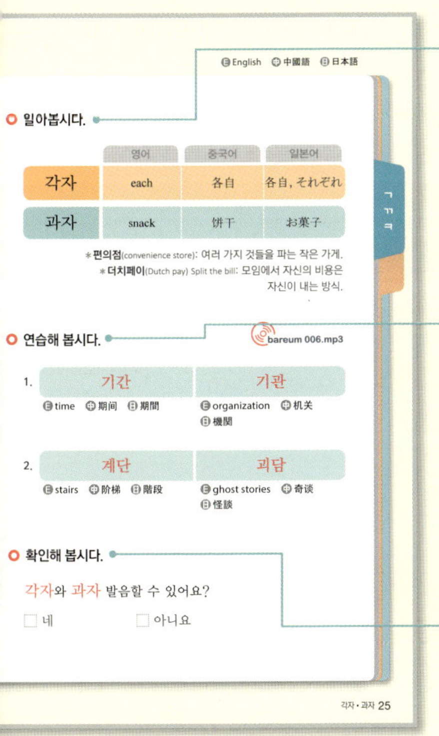

알아봅시다 Let's Learn
了解一下/調べてみましょう

대화문에 나온 어휘와 문화에 대한 보충 설명입니다.

Gives supplementary explanation regarding the vocabulary and culture in the text.

针对课文中出现的单词和文化，进行补充说明。

会話文に出てくる単語と文化について説明します。

연습해 봅시다 Let's Practice
练习/練習しましょう

주요 학습 어휘 외에 오류가 많은 어휘쌍을 연습합니다.

Aside from learned vocabulary, practicing pairs of vocabulary that cause much error.

练习与主要单词发音相类似的单词发音。

主な学習単語の他に発音間違いが起きやすい単語の対を練習します。

확인해 봅시다 Let's Check
自我检验/確認しましょう

각 단원에서 익힌 어휘를 정확하게 발음할 수 있는지 자기 점검을 합니다.

Self assessment of whether or not the student is able to correctly pronounce the words from each unit.

每节课学习完毕后，进行自我检验。

各課で主な学習単語を正確に発音できるか自分でチェックします。

인물 소개 Characters/人物介绍/人物紹介

국어국문학과(4학년) Senior Korean Linguistic Students
国文系(4年级)/国語国文学科(4年生)

지수 (자취)
Jisu (lives independently)
智秀 (自炊生)
智秀（一人暮らし）

왕홍 (자취)
WangHong (lives independently)
王红 (自炊生)
王　紅（一人暮らし）

태민 (하숙)
Taemin (Boarding House)
泰民 (寄宿生)
泰民（下宿）

켄지 (하숙)
Kenji (Boarding House)
建治 (寄宿生)
建　治（下宿）

디자인학과(4학년)

Senior Design Student
设计系(4年级)/デザイン学科(4年生)

미카 (자취)
Mika (lives independently)
美香 (自炊生)
美香 (一人暮らし)

경제학과(대학원)

Post graduate Economics Student
经济系(研究生院)/経済学科(大学院)

진용 (자취)
Jinyoung (lives independently)
陈勇 (自炊生)
陳　勇 (一人暮らし)

차례

한국 유학 생활 정복하기 – 발간사 · 4
『한국어 발음 정복하기』를 내며 · 6
일러두기 · 8

이 책의 단원 구성 · 10
인물 소개 · 12
이 책의 내용 · 16

1장 ㄱ, ㄲ, ㅋ · 21
2장 ㄴ · 49
3장 ㄷ, ㄸ, ㅌ · 63
4장 ㅁ · 79
5장 ㅂ, ㅃ, ㅍ · 97
6장 ㅅ, ㅆ · 131
7장 ㅇ · 169
8장 ㅈ, ㅉ, ㅊ · 199
9장 ㅎ · 223

부록
들어 봅시다 번역 · 240
연습 문제 정답 · 277
한국어 로마자 표기법 · 280

이 책의 내용

	본문 단어		
제 1 장 ㄱ/ㄲ/ㅋ	가임 – 가입 거울 – 겨울 곰 – 공 그림 – 크림 커피 – 코피	각자 – 과자 고장 – 공장 교수 – 교주 꼬치 – 꽁치	감사 – 강사 고향 – 공항 굴 – 귤 꼭 – 꽃
제 2 장 ㄴ	나르다 – 날다 널다 – 놀다	낚시 – 날씨 넣다 – 놓다	내역 – 내용 눈길 – 느낌
제 3 장 ㄷ/ㄸ/ㅌ	다르다 – 달다 도장 – 통장 특기 – 특히	대추 – 대충 독 – 떡	도끼 – 토끼 뒤풀이 – 팀플
제 4 장 ㅁ	마루 – 말 매연 – 매형 모레 – 몰래	마을 – 마음 매주 – 맥주 무료 – 무용	마치다 – 맡기다 머리 – 멀리
제 5 장 ㅂ/ㅃ/ㅍ	바다 – 바탕 반장 – 반찬 배달 – 배탈 보기 – 포기 비록 – 피로 뽀뽀 – 폭포	바닥 – 바둑 발 – 팔 백 – 팩 부엌 – 북어 비료 – 필요	반성 – 방송 배 – 폐 보관 – 본관 불 – 뿔 비자 – 피자

발음 연습 단어

가다-까다	가위-과외	기간-기관	계단-괴담
갈등-갈대	가정-과정	개다-캐다	경기-경희
고추-곤충	건강-공간	갖다-갚다	개인-게임
공-콩	곧-꼭	감-강	교류-교육
국가-국화	거미-구미	끄다-크다	굵다-굶다
곱다-굽다	공경하다-구경하다	고양이-교양	겸손-공손
가사-가상	간호-괄호		
나비-낭비	낙서-낙선	남자-낭자	낡다-낫다
내년-내면	납득-낭독	넓다-넘다	날리다-널리다
녹음-논문	노리다-느리다	누리다-느리다	너울-노을
다르다-따르다	다루다-다투다	단골-땅콩	달-딸-탈
돈-똥	돌-둘	덥다-돕다	동사-통사
땀-땅	뛰다-튀다	들르다-들리다	대화-대하
타임-타입	단정-당선		
막걸리-목걸이	매다-맵다	머슴-모습	맏아들-말다툼
머리-무리	먹이다-먹히다	문명-문병	문학-문화
많다-맞다	미숙-미술	미모-미묘	미력-미련
매력-매몰	모기-묘기	맞추다-멈추다	민속-민족
바다-파다	바르다-빠르다	밝다-밟다	방울-방음
빨리-피리	닝-삥	밤-방	빼다-패다
뱀-펜	봄-품	보람-보름	불-풀
비-피	부채-부케	복수-복습	배양-폐암
변화-평화	분석-풍선	편의-편입	부부-부품
보도-포도	분류-불륜	박사-박스	반대-빨대
발레-벌레	발령-발명	발급-벌금	범위-범인
법원-병원	변경-변명	분실-품질	비치다-비키다

이 책의 내용

	본문 단어		
제 6 장 ㅅ/ㅆ	사다-싸다 삼치-참치 선-손 수수료-스스로 숯-숲 식전-식초	사람-사랑 상담-성당 소리-수리 수영-수용 시청-신촌 신장-심장	사정-사촌 서식-소식 속이다-숙이다 수저-수첩 식구-식후 신호-신혼
제 7 장 ㅇ	아기-얘기 야채-약제 연구-영국 우리-의리 의상-이상	안약-알약 어이-오이 오늘-오일 의미-이미 의자-이자	야구-약국 여건-여권 우동-운동 의사-이사
제 8 장 ㅈ/ㅉ/ㅊ	장난-장남 전국-천국 진하다-친하다 처장-총장	재력-체력 전문-정문 집게-찌개 척척-촉촉	저금-조금 중국-중급 짜다-차다
제 9 장 ㅎ	하트-화투 헤어지다-헤엄치다 황당-횡단	한자-환자 호두-효도	함께-합계 혼자-홍차

발음 연습 단어

산-삼	살-쌀	사건-사고	사업-산업
상대-상태	삼촌-상처	사각-삼각	상환-상황
살림-살인	서류-석류	산-선	서리-소리
석유-섬유	소금-송금	쏘다-쏟다	수면-수명
성장-손자	수다-수단	수업-수염	수익-수입
수평-수표	수박-숙박	섭취-성취	숙소-순서
생전-생존	시력-시럽	시계-식혜	실내-실례
실종-실천	싣다-심다	생각-생강	신문-신분
살살-쌀쌀	신선하다-싱싱하다	사전-사정	식물-실물
아가-아까	아내-안내	아기-아귀	앉다-않다
약간-약혼	양념-양면	양보-양복	영하-영화
언론-얼른	얼룩-얼음	연령-연료	연세-연쇄
여관-여간	엿-옆	역-욕	예술-예습
영업-영역	연상-영상	오리-요리	여인-요인
요구-욕구	운행-은행	이발-이빨	이웃-이유
의료-이용	인사-인삼	일번-일본	입다-있다
자-차	자매-참외	자연-작년	자식-자신
잠그다-잠기다	전날-전달	정리-처리	주제-출제
정장-정전	전부-정부	조르다-졸리다	죄송-취소
지각-지갑	최소-취소	제천-채점	정정-청정
참고-창고	세공-최고	조카-초과	천-촌
추석-출석	청중-청춘		
한약-한옥	한문-항문	하숙-학습	한정-환전
한류-합류	한복-항복	흐리다-흘리다	회색-흰색
화산-화상	현대-홍대	포도-효도	현재-형제
해피-햇빛	휴지-휴직		

1장

ㄱ ㄲ ㅋ

가임 · 가입
각자 · 과자
감사 · 강사
거울 · 겨울
고장 · 공장
고향 · 공항
곰 · 공
교수 · 교주
굴 · 귤
그림 · 크림
꼬치 · 꽁치
꼭 · 꽃
커피 · 코피

01 가임·가입

bareum 001.mp3

bareum 002.mp3

들어 봅시다.

태민 동아리에 들어가고 싶은데 무슨 동아리가 좋을까?

켄지 힙합 동아리 어때? 지금 가임(가입) 기간이던데.

태민 뭐? 가임 기간?

○ 알아봅시다.

	영어	중국어	일본어
가임	fertile	怀孕	排卵
가입	sign up	加入	加入

＊**힙합**(hip hop): 춤과 랩(rap)을 하는 음악.
＊**동아리**(club activities): 취미를 함께 하는 모임.

○ 연습해 봅시다.

1.	**가다**	**까다**
	E go　中 去　日 行く	E peel　中 剥　日 割る

2.	**가위**	**과외**
	E scissors　中 剪刀　日 はさみ	E tutoring　中 课外补习　日 家庭教師

○ 확인해 봅시다.

가임과 **가입** 발음할 수 있어요?

☐ 네　　　☐ 아니요

02 각자 · 과자

 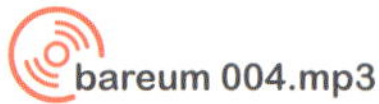

들어 봅시다. 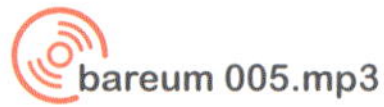

태민: 편의점에서 뭐 좀 사 가지고 갈까?

켄지: 그래, 각자(과자) 사자.

태민: 응? 그래….

(역시 일본 사람은 더치페이가 익숙하구나.)

○ 알아봅시다.

	영어	중국어	일본어
각자	each	各自	各自, それぞれ
과자	snack	饼干	お菓子

* **편의점**(convenience store): 여러 가지 것들을 파는 작은 가게.
* **더치페이**(Dutch pay) Split the bill: 모임에서 자신의 비용은 자신이 내는 방식.

○ 연습해 봅시다.

bareum 006.mp3

1.

기간	기관
E time　中 期间　日 期間	E organization　中 机关 日 機関

2.

계단	괴담
E stairs　中 阶梯　日 階段	E ghost stories　中 奇谈 日 怪談

○ 확인해 봅시다.

각자와 **과자** 발음할 수 있어요?

☐ 네　　　☐ 아니요

03

감사 · 강사

○ **따라해 봅시다.**

○ **들어 봅시다.**

태민: 미카 씨, 커피 나왔습니다. 미카 씨는 라떼죠?

미카: 네. 감사해요.

태민: 괜찮습니다. 미카 씨 알바 한다면서요?
무슨 일을 하세요?

미카: 저는 감사(강사)하고 있어요.

태민: 뭐 그 정도를 가지고 감사하다는 말을
두 번이나….

○ 알아봅시다.

	영어	중국어	일본어
감사	thank you	感谢	感謝
강사	teacher	讲师	講師

* **라떼**(caffè latte): 우유를 넣은 커피.
* **알바**(part-time job): 아르바이트를 줄인 말.

○ 연습해 봅시다.

bareum 009.mp3

1.

갈등	갈대
ⓔ conflict　ⓒ 矛盾　ⓙ 葛藤	ⓔ reed　ⓒ 芦苇　ⓙ アシ(葦)

2.

가정	과정
ⓔ home　ⓒ 家庭　ⓙ 家庭	ⓔ process　ⓒ 过程　ⓙ 過程

○ 확인해 봅시다.

감사와 강사 발음할 수 있어요?

☐ 네　　　　☐ 아니요

04 거울 · 겨울

○ **따라해 봅시다.** 

○ **들어 봅시다.** 

지수: 아, 추워. 오늘 너무 춥네요.

미카: 그렇네요. 근데 저는 거울(겨울)이 좋아요.

지수: 거울요? 빌려 줄까요? 여기 있어요.

🔸 알아봅시다.

	영어	중국어	일본어
거울	mirror	镜子	鏡
겨울	winter	冬季	冬

🔸 연습해 봅시다.

bareum 012.mp3

1. | 개다 | 캐다 |
|---|---|

Ⓔclear up, stop　Ⓒ叠　Ⓙ畳む　　Ⓔdig up　Ⓒ挖　Ⓙ掘る

2. | 경기 | 경희 |
|---|---|

ⒺKyeong-gi　Ⓒ京畿(地名)　　ⒺKyunghee　Ⓒ庆熙　Ⓙ慶熙
Ⓙ京畿(地名)

🔸 확인해 봅시다.

거울과 겨울 발음할 수 있어요?

☐ 네　　　　☐ 아니요

고장·공장

○ **따라해 봅시다.**

○ **들어 봅시다.**

미카: 태민 씨, 차가 안 보이네요. 어디 뒀어요?

태민: 오늘 안 가지고 왔어요.

미카: 왜요?

태민: 어제 고장나서 카센터 갔더니 공장에
들어가야 한다고 하더라고요.
며칠 걸린대요.

○ 알아봅시다.

	영어	중국어	일본어
고장	breakdown	故障	故障
공장	factory	工厂	工場

＊**카센터**(car repair shop): 자동차를 고치는 곳.

○ 연습해 봅시다.

1.

고추	**곤충**
Ⓔ chilli　中 辣椒　日 唐辛子	Ⓔ insect　中 昆虫　日 昆虫

2.

건강	**공간**
Ⓔ health　中 健康　日 健康	Ⓔ space　中 空间　日 空間

○ 확인해 봅시다.

고장과 **공장** 발음할 수 있어요?

☐ 네　　　　☐ 아니요

○ **따라해 봅시다.**

○ **들어 봅시다.**

태민: 선배님, 어디 가세요?

진용: 친구가 와서 고향(공항)에 가.

태민: 고향에요? 갑자기 왜요?

진용: 응? 친구가 와서.

⭕ 알아봅시다.

	영어	중국어	일본어
고향	hometown	故乡	故鄉
공항	airport	机场	空港

⭕ 연습해 봅시다.

bareum 018.mp3

1.

갖다	갚다
ⓔ have　ⓒ 带　ⓙ 持つ	ⓔ repay　ⓒ 偿还　ⓙ 返す

2.

개인	게임
ⓔ individual　ⓒ 个人　ⓙ 個人	ⓔ game　ⓒ 游戏　ⓙ ゲーム

⭕ 확인해 봅시다.

고향과 공항 발음할 수 있어요?

☐ 네　　　☐ 아니요

07 곰·공

○ **따라해 봅시다.**

○ **들어 봅시다.**

지수: 조카 생일인데 뭘 선물하면 좋을까?

왕홍: 여자아이? 남자아이?

지수: 남자아이.

왕홍: 그럼, 곰(공)을 사 주면 좋아하지 않을까?

지수: 곰? 곰 인형을 말하는 거야? 남자애인데?

⭕ 알아봅시다.

	영어	중국어	일본어
곰	bear	熊	熊
공	ball	球	球, ボール

＊**선물**(gift)
＊**인형**(doll)

⭕ 연습해 봅시다.

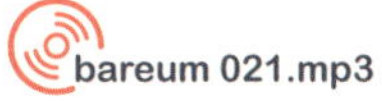
bareum 021.mp3

1.

공	콩
🄴 ball　🀄 球　🅹 球, ボール	🄴 bean　🀄 豆　🅹 豆

2.

곧	꼭
🄴 soon　🀄 马上　🅹 すぐに	🄴 certainly　🀄 一定 🅹 必ず, きっと

⭕ 확인해 봅시다.

곰과 **공** 발음할 수 있어요?

☐ 네　　　　☐ 아니요

교수 · 교주

따라해 봅시다.

들어 봅시다.

태민: 미카 씨, 어디 가세요?

미카: 아, 태민 씨. 교주(교수)님 만나러 가요.

태민: 교주님? 미카 씨, 무슨 종교를 믿고 있어요?

○ 알아봅시다.

	영어	중국어	일본어
교수	professor	教授	教授
교주	religious leader	教主	教主, 教祖

*__종교__(religion): 신(God)을 믿는 것.

○ 연습해 봅시다.

1.

감	강
ⓔ persimmon　ⓒ 柿子　ⓙ 柿	ⓔ river　ⓒ 江　ⓙ 川

2.

교류	교육
ⓔ exchange, interchange ⓒ 交流　ⓙ 交流	ⓔ education　ⓒ 教育　ⓙ 教育

○ 확인해 봅시다.

교수와 교주 발음할 수 있어요?

☐ 네　　　　☐ 아니요

09 굴·귤

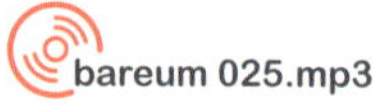

들어 봅시다.

켄지: 슈퍼에 가서 뭐 좀 사 가지고 들어갈까?

태민: 귤 어때? 겨울엔 만화책 보면서
    귤 까먹는 게 최고지!

켄지: 응? 굴을 까먹는다고? 구워서 먹지 않고?

⊙ 알아봅시다.

	영어	중국어	일본어
굴	oyster	牡蛎	牡蠣
귤	mandarin	橘子	ミカン

＊**만화책**(comic book)

⊙ 연습해 봅시다.

bareum 027.mp3

1. | 국가 | 국화 |

ⓔ Nation　㊥ 国家　㊐ 国家　　　ⓔ national flower　㊥ 菊花
　　　　　　　　　　　　　　　　㊐ 菊

2. | 거미 | 구미 |

ⓔ spider　㊥ 蜘蛛　㊐ クモ　　　ⓔ taste, palate　㊥ 口味
　　　　　　　　　　　　　　　　㊐ 食欲

⊙ 확인해 봅시다.

굴과 귤 발음할 수 있어요?

☐ 네　　　　　☐ 아니요

그림 · 크림

○ 따라해 봅시다.

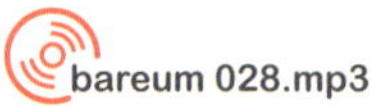

○ 들어 봅시다.

점원: 주문하시겠어요?

왕홍: 바닐라 라떼 주세요. 그림(크림) 많이 주시고요.

(잠시 후)

왕홍: 어? 그림(크림)은 어디 있어요?

점원: 네? 여기 있잖아요. 커피 위에 고양이 그림.

○ 알아봅시다.

	영어	중국어	일본어
그림	picture	图画	絵
크림	cream	奶油	クリーム

＊**바닐라 라떼**(vanilla latte): 바닐라 시럽과 우유를 넣은 커피.

○ 연습해 봅시다.

bareum 030.mp3

1.

끄다	크다
Ⓔ turn off　Ⓒ 关　Ⓙ 消す	Ⓔ big　Ⓒ 大　Ⓙ 大きい

2.

굵다	굶다
Ⓔ thick　Ⓒ 粗　Ⓙ 太い	Ⓔ starve / skip a meal　Ⓒ 饿　Ⓙ 飢える

○ 확인해 봅시다.

그림과 크림 발음할 수 있어요?

☐ 네　　　☐ 아니요

11 꼬치·꽁치

● 따라해 봅시다.

꼬치

꽁치

● 들어 봅시다.

왕홍: 아까 집에 오는 길에 보니까
꽁치(꼬치)구이 집이 생겼던데.

지수: 꽁치구이?

왕홍: 응. 닭꽁치(꼬치), 우리 먹으러 가자.

⊙ 알아봅시다.

	영어	중국어	일본어
꼬치	skewers	串	串
꽁치	pacific saury (fish)	秋刀魚	サンマ

* **닭꼬치**(grilled chicken skewers): 닭고기를 꼬치에 끼워서 구운 음식.

⊙ 연습해 봅시다.

bareum 033.mp3

1.
곱다	굽다
ⓔ beautiful　ⓒ 美 ⓙ きれいだ	ⓔ bake/roast　ⓒ 烤　ⓙ 焼く

2.
공경하다	구경하다
ⓔ respect, honor　ⓒ 恭敬 ⓙ 尊ぶ	ⓔ sightseeing　ⓒ 观赏 ⓙ 見物する

⊙ 확인해 봅시다.

꼬치와 꽁치 발음할 수 있어요?

☐ 네　　　　　☐ 아니요

12 꼭·꽃

○ **따라해 봅시다.**

bareum 034.mp3

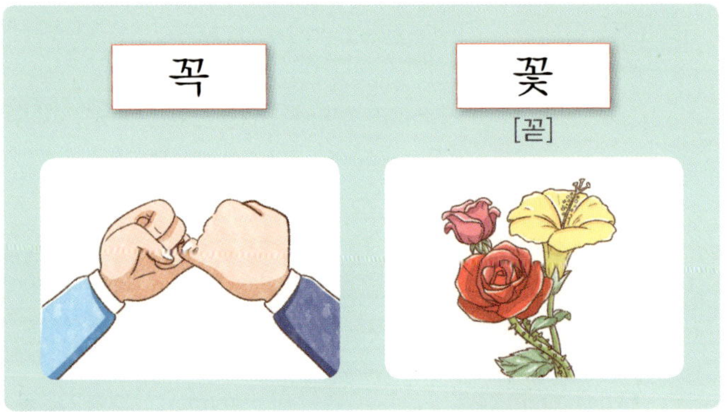

○ **들어 봅시다.**

bareum 035.mp3

(전화 통화)

켄지: 생일 파티 준비는 잘돼 가? 내가 뭐 사 갈까?

왕훙: 응. 오는 길에 케이크 사 와. 꽃(꼭) 사 와야 해.

(잠시 후)

왕훙: 어? 이건 왜 사 왔어?

켄지: 꽃 사 오라면서.

⭕ 알아봅시다.

	영어	중국어	일본어
꼭	certainly	务必	必ず, きっと
꽃	flowers	花	花

＊**생일 파티**(birthday party): 생일을 축하하는 모임.

⭕ 연습해 봅시다.

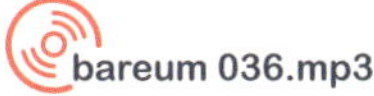
bareum 036.mp3

1.

고양이	교양
ⓔ cat　ⓒ 猫　ⓙ 猫	ⓔ refinement　ⓒ 教养　ⓙ 教養

2.

겸손	공손
ⓔ modest, humble　ⓒ 谦虚　ⓙ 謙遜	ⓔ polite　ⓒ 恭敬　ⓙ 丁寧

⭕ 학인해 봅시다.

꼭과 꽃 발음할 수 있어요?

☐ 네　　　　　☐ 아니요

커피 · 코피

○ 따라해 봅시다.

bareum 037.mp3

○ 들어 봅시다.

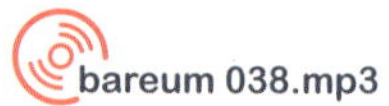
bareum 038.mp3

(카페 가는 길에서)

지수: 선배님, 코피 나요.

진용: 어? 요즘 좀 무리했더니…. 휴지 있어?

지수: 자, 여기요. 강의실로 돌아갈까요?

진용: 괜찮아. 우리 코피(커피) 마시러 가자.

지수: …

◯ 알아봅시다.

	영어	중국어	일본어
커피	coffee	咖啡	コーヒー
코피	nose bleed	鼻血	鼻血

＊**카페**(café)
＊**강의실**(lecture room)

◯ 연습해 봅시다.

1.

가사	가상
E lyrics　**中** 歌词　**日** 歌詞	**E** virtual　**中** 假想　**日** 仮想

2.

간호	괄호
E nursing　**中** 看护　**日** 看護	**E** parentheses　**中** 括号 **日** 括弧

◯ 확인해 봅시다.

커피와 코피 발음할 수 있어요?

☐ 네　　　　☐ 아니요

연습문제

1. 다음을 듣고 알맞은 그림을 고르십시오.   bareum 040.mp3

   1)

   2)
   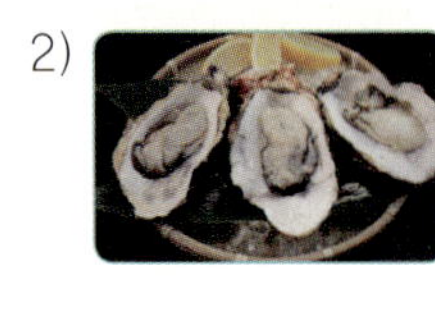

2. 다음을 듣고 알맞은 것을 고르십시오.   bareum 041.mp3

   1) 거울 / 겨울
   2) 지금 고향에 가요 / 지금 공항에 가요

3. 다음을 듣고 따라 하십시오.   bareum 042.mp3

   1) 가정 / 과정
   2) 자동차가 고장 나서 공장에 보냈어요.
      커피에 크림을 많이 넣어 주세요.

4. 다음을 듣고 쓰십시오.   bareum 043.mp3

   1) 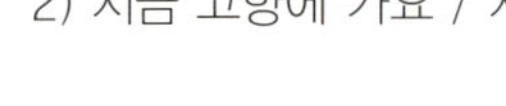 ______________

   2) ______________

   3) 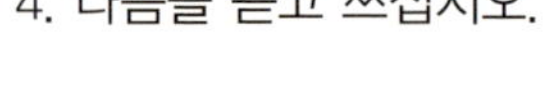 ______________

   4) ______________

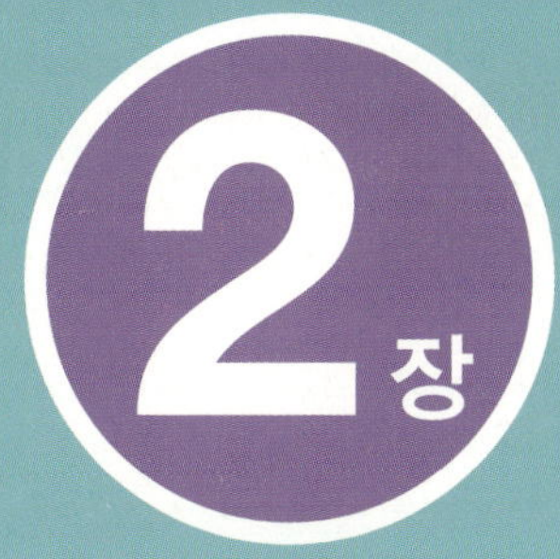

ㄴ

나르다 · 날다
낚시 · 날씨
내역 · 내용
널다 · 놀다
넣다 · 놓다
눈길 · 느낌

14 나르다 · 날다

○ **따라해 봅시다.**

○ **들어 봅시다.**

태민: 미카 씨, 어제 다리 다쳤다면서요?

미카: 네. 짐을 나르다가 넘어져서 계단에서
　　　날았어요.

태민: 이런! 많이 아팠겠어요.

○ 알아봅시다.

	영어	중국어	일본어
나르다	carry (luggage)	搬	運ぶ
날다	fly	飞	飛ぶ

○ 연습해 봅시다.

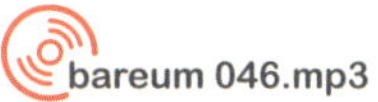
bareum 046.mp3

1. | 나비 | 낭비 |

🄔 butterfly　🄒 蝴蝶　🄙 チョウ　　🄔 waste　🄒 浪費　🄙 浪費

2. | 낙서 | 낙선 |

🄔 graffiti　🄒 乱画　🄙 落書き　　🄔 defeat　🄒 落选　🄙 落選

○ 확인해 봅시다.

나르다와 날다 발음할 수 있어요?

☐ 네　　　　☐ 아니요

15 낚시·날씨

○ **따라해 봅시다.**

○ **들어 봅시다.**

진용: 우리 내일 낚시 갈래?

태민: 낚시요? 내일 비 온다고 했어요.

진용: 아니야. 일기예보를 보니 내일 춥지도,
덥지도 않대. 낚시하기 딱 좋은 날씨야.

🔴 알아봅시다.

	영어	중국어	일본어
낚시	fishing	钓鱼	釣り
날씨	weather	天气	天気

🔴 연습해 봅시다.

bareum 049.mp3

1.
남자	낭자
E man　中 男子　日 男	E a maiden　中 娘子 日 お嬢さん

2.
낡다	낫다
E old　中 旧　日 古い	E better　中 更好　日 勝る

🔴 확인해 봅시다.

낚시와 날씨 발음할 수 있어요?

☐ 네　　　☐ 아니요

○ **따라해 봅시다.**

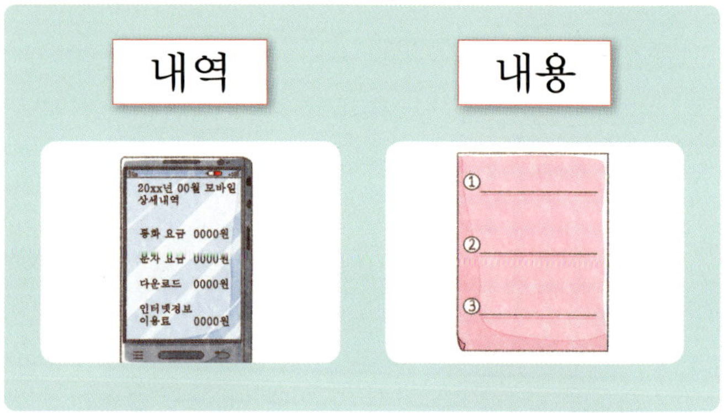

○ **들어 봅시다.**

진용: 핸드폰 요금이 너무 많이 나왔어.
통화 내용(내역)은 어디서 볼 수 있어?

태민: 통화 내용은 녹음하지 않았으면 다시
들을 수 없어요.

진용: 언제, 누구랑, 얼마나 통화했는지 통화
내용(내역)을 볼 수 없다고?

⭕ 알아봅시다.

	영어	중국어	일본어
내역	break down	明细	内訳
내용	contents	内容	内容

⭕ 연습해 봅시다.

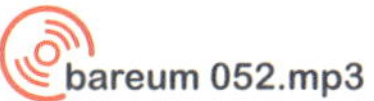
bareum 052.mp3

1.
내년	**내면**
Ⓔ next year　Ⓒ 明年　Ⓙ 来年	Ⓔ inner side　Ⓒ 内心　Ⓙ 内面

2.
납득	**낭독**
Ⓔ to accept one's opinion Ⓒ 接受　Ⓙ 納得	Ⓔ to recite　Ⓒ 朗读　Ⓙ 朗読

⭕ 확인해 봅시다.

내역과 내용 발음할 수 있어요?

☐ 네　　　　☐ 아니요

17 널다·놀다

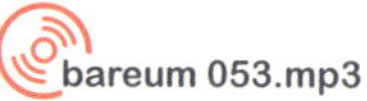

들어 봅시다.

미카: 지수 씨, 지금 뭐 해요?

지수: 빨래 널고 있어요.

미카: 왕홍 씨가 노래방에 가자는데 같이 나가서 놀아요.

지수: 네. 빨리 널고 나갈게요.

○ 알아봅시다.

	영어	중국어	일본어
널다	to hang	晾	干す
놀다	hang out	玩	遊ぶ

○ 연습해 봅시다.

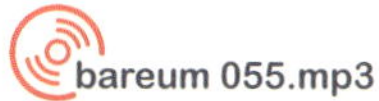
bareum 055.mp3

1. **넓다**   **넘다**

E wide 中 宽广 日 広い   E climb, pass 中 越过
     日 超える

2. **날리다**   **널리다**

E to fly 中 放飞 日 飛ばす   E be scattered 中 扩张
     日 広げる

○ 확인해 봅시다.

널다와 **놀다** 발음할 수 있어요?

☐ 네   ☐ 아니요

18 넣다·놓다

들어 봅시다.

지수: 혹시 내 모자 못 봤어?

왕홍: 응? 모자? 내가 아까 옷장에 놓았어(넣었어).

지수: 옷장 위에 놓았다고 아니면 안에 넣었다고?

왕홍: 옷장 안에 놓았다고(넣었다고).

⭕ 알아봅시다.

	영어	중국어	일본어
넣다	put in, add	放进	入れる
놓다	place on	放置	置く

＊**옷장**: 옷을 넣을 수 있는 가구.

⭕ 연습해 봅시다.

bareum 058.mp3

1.

녹음	논문
Ⓔ recording　Ⓒ 录音　Ⓙ 録音	Ⓔ thesis　Ⓒ 论文　Ⓙ 論文

2.

노리다	느리다
Ⓔ aim　Ⓒ 注视　Ⓙ 狙う	Ⓔ slow　Ⓒ 迟缓　Ⓙ 遅い

⭕ 확인해 봅시다.

넣다와 **놓다** 발음할 수 있어요?

☐ 네　　　　　☐ 아니요

19 눈길·느낌

○ **따라해 봅시다.**

○ **들어 봅시다.**

왕홍: 난 눈 오는 날 눈길 걷는 것이 좋아.

태민: 눈길 걷는 게 왜 좋아?

왕홍: 눈길을 걸을 때 그 느낌이 정말 좋아.

⭕ 알아봅시다.

	영어	중국어	일본어
눈길	snowy road	雪路	雪道
느낌	feeling	感觉	感覚, 感じ

⭕ 연습해 봅시다.

1.

누리다	느리다
Ⓔ enjoy　Ⓒ 享受　Ⓙ 享受する	Ⓔ slow　Ⓒ 迟缓　Ⓙ 遅い

2.

너울	노을
Ⓔ veil　Ⓒ 涌浪　Ⓙ 荒波	Ⓔ glow of the sun　Ⓒ 霞　Ⓙ 朝・夕焼け

⭕ 확인해 봅시다.

눈길과 느낌 발음할 수 있어요?

☐ 네　　　　☐ 아니요

연습문제

1. 다음을 듣고 알맞은 그림을 고르십시오.

1)  

2) 

2. 다음을 듣고 알맞은 것을 고르십시오.
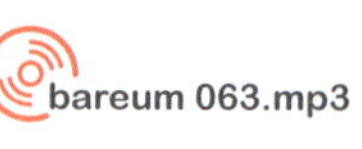

   1) 낡다 / 낫다

   2) 내역을 좀 보여주세요. / 내용을 좀 보여주세요.

3. 다음을 듣고 따라 하십시오.

   1) 내년 / 내면

   2) 옷장 안에 넣었어요.
      눈 오는 날에 눈길을 걷는 것이 좋아요.

4. 다음을 듣고 쓰십시오.
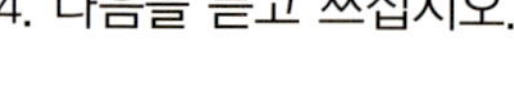

   1) _______________

   2) _______________

   3) _______________

   4) _______________

ㄷ ㄸ ㅌ

다르다 · 달다
대추 · 대충
도끼 · 토끼
도장 · 통장
독 · 떡
뒤풀이 · 팀플
특기 · 특히

20 다르다 · 달다

○ **따라해 봅시다.**

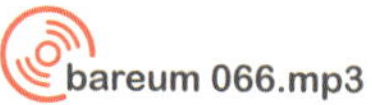

○ **들어 봅시다.**

왕홍: 미카 씨, 이 귤 좀 드셔 보세요.
　　　제가 고향에서 갖고 온 거예요.

미카　우와, 아주 달고 맛있어요.

왕홍: 그렇죠? 옛날에 왕께 바치던 거라 맛있어요.

미카: 그래서 그런지 시장에서 파는 것과는 다르네요.

⭕ 알아봅시다.

	영어	중국어	일본어
다르다	different	不同	違う, 異なる
달다	sweet	甜	甘い

⭕ 연습해 봅시다.

bareum 068.mp3

1.

다르다	따르다
🇪 different　🇨 不同 🇯 違う, 異なる	🇪 follow　🇨 跟从　🇯 従う

2.

다루다	다투다
🇪 to handle　🇨 使用　🇯 扱う	🇪 argue　🇨 争吵　🇯 争う

⭕ 확인해 봅시다.

다르다와 달다 발음할 수 있어요?

☐ 네　　　　☐ 아니요

21

대추·대충

○ 따라해 봅시다.

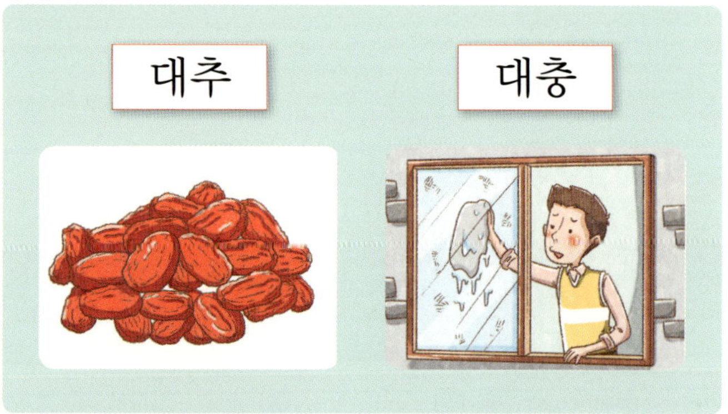

○ 들어 봅시다.

미카: 태민 씨, 이것 좀 도와줘요.

태민: 이게 다 뭐예요?

미카: 오늘 영양밥 만들려고 대추랑 잣이랑 사왔어요.

태민: 그럼 제가 도와드릴게요. 대추부터 씻을까요?

미카: 네. 대추(대충) 씻으면 안돼요.

태민: (어쩌라는 거지?)

○ 알아봅시다.

	영어	중국어	일본어
대추	Chinese date	枣	ナツメ
대충	roughly	大致	大体

＊**영양밥**(deluxe rice): 영양이 많은 재료만을 넣어서 지은 밥.

○ 연습해 봅시다.

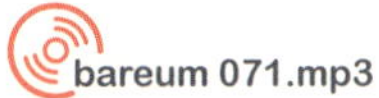

1. **단골** / **땅콩**

단골 — Ⓔ regular (customer)　Ⓒ 常客　Ⓙ 行き付け

땅콩 — Ⓔ peanuts　Ⓒ 花生　Ⓙ ピーナッツ

2. **달** / **딸** / **탈**

달 — Ⓔ moon　Ⓒ 月亮　Ⓙ 月

딸 — Ⓔ daughter　Ⓒ 女儿　Ⓙ 娘

탈 — Ⓔ mask　Ⓒ 面具　Ⓙ 仮面

○ 확인해 봅시다.

대추와 **대충** 발음할 수 있어요?

☐ 네　　☐ 아니요

22

도끼·토끼

○ **따라해 봅시다.**
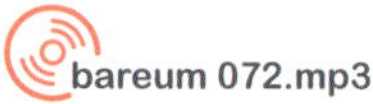

○ **들어 봅시다.**

지수: 여기 있던 나무 화분은 어디 갔어요?

미카: 우리 도끼(토끼)가 먹어 버렸어요.

지수: 도끼가 먹었다고요?

미카: 네. 도끼(토끼)가 저 외출한 사이에 나뭇잎을
　　　다 먹었더라고요.

○ 알아봅시다.

	영어	중국어	일본어
도끼	axe	斧头	斧
토끼	rabbit	兔子	ウサギ

○ 연습해 봅시다.

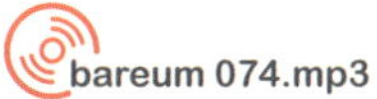

1.

돈	똥
Ⓔ money　Ⓒ 钱　Ⓙ お金	Ⓔ poop　Ⓒ 大便　Ⓙ 大便

2.

돌	둘
Ⓔ stone　Ⓒ 石头　Ⓙ 石	Ⓔ two　Ⓒ 二　Ⓙ 二つ

○ 확인해 봅시다.

도끼와 토끼 발음할 수 있어요?

☐ 네　　　　☐ 아니요

23 도장·통장

● **따라해 봅시다.**

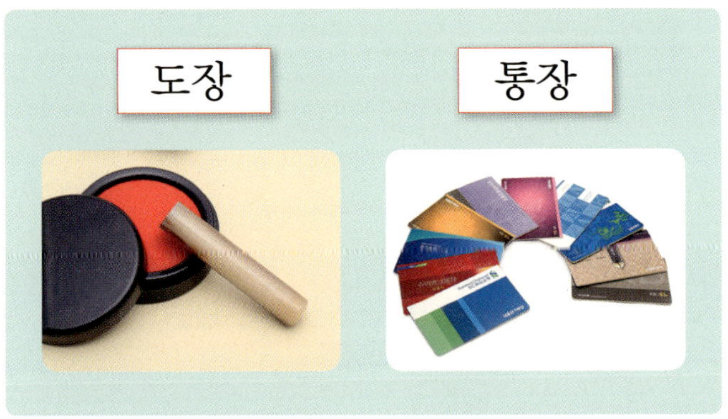

● **들어 봅시다.**

진용: 어디 가?

켄지: 통장 만들러 가요.

진용: 통장(도장) 가지고 왔어?

켄지: 아니요. 만들러 가요.

진용: 통장 만들 때는 통장(도장) 필요하대.

켄지: 모르겠어요….

○ 알아봅시다.

	영어	중국어	일본어
도장	seal, stamp	印章	判子, 印鑑
통장	bankbook	存折	通帳

○ 연습해 봅시다.

bareum 077.mp3

1.

덥다	돕다
Ⓔ hot　Ⓒ 热　Ⓙ 暑い	Ⓔ help　Ⓒ 帮助　Ⓙ 助ける

2.

동사	통사
Ⓔ verb　Ⓒ 动词　Ⓙ 動詞	Ⓔ syntax　Ⓒ 文章 Ⓙ 統語（論）

○ 확인해 봅시다.

도장과 통장 발음할 수 있어요?

☐ 네　　　　☐ 아니요

독·떡

● **따라해 봅시다.**

bareum 078.mp3

● **들어 봅시다.**

bareum 079.mp3

진용: 우와, 인절미다! 먹어도 돼?

지수: 네. 드세요. 아 참, 물 드셨어요?

진용: 아니. 왜?

지수: 떡 먹기 전에 물 안 마시면 목에 걸려요.
　　　떡 먹다가 독 먹는 꼴이 돼요.

○ 알아봅시다.

	영어	중국어	일본어
독	poison	毒	毒
떡	rice cake	年糕	餠

○ 연습해 봅시다.

bareum 080.mp3

1.

땀	땅
🇪 sweat　🇨 汗　🇯 汗	🇪 ground　🇨 地, 土地

2.

뛰다	튀다
🇪 jump　🇨 跑　🇯 走る	🇪 spatter　🇨 逃走　🇯 跳ねる

○ 확인해 봅시다.

독과 떡 발음할 수 있어요?

☐ 네　　　☐ 아니요

25 뒤풀이 · 팀플

들어 봅시다.

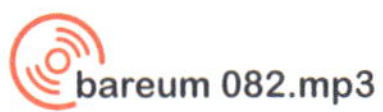

켄지: 오늘 수업 후에 선배들과 회식 있는 거 알지?

태민: 나는 팀플이 있어서 못 가는데, 얘기 좀 전해줘.

(회식 장소)

선배: 태민이는 왜 안 왔어?

켄지: 뒤풀이 있다고 못 온대요.

⭕ 알아봅시다.

	영어	중국어	일본어
뒤풀이	after party	（事后）聚餐	打ち上げ
팀플	team project	学习小组活动	グループ ワーク

* **뒤풀이**: 어떤 일이나 모임을 끝낸 뒤에 서로 모여 즐기는 일.
* **팀플**: 팀 프로젝트(team project)를 줄인 말. 자유로운 토론을 통해 팀별로 결과물을 제출하는 작은 모임.

⭕ 연습해 봅시다.

bareum 083.mp3

1.
들르다	**들리다**
🄔 to stop by　🀄 经过 🄙 立ち寄る	🄔 be heard　🀄 听见 🄙 聞こえる

2.
대화	**대하**
🄔 conversation　🀄 对话 🄙 対話	🄔 king prawn　🀄 大虾 🄙 タイショウエビ

⭕ 확인해 봅시다.

뒤풀이와 **팀플** 발음할 수 있어요?

☐ 네　　　　☐ 아니요

26 특기·특히

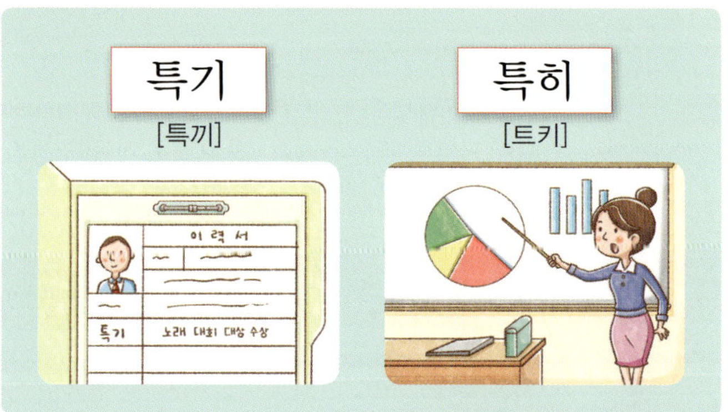

들어 봅시다.

미카: 지수 씨, 제가 자기소개 준비하고 있는데
좀 봐 주세요.

지수: 네.

미카: 저는 특기(특히) 노래를 잘해요.

지수: 노래가 특기군요.

🔴 알아봅시다.

	영어	중국어	일본어
특기	specialty	特长	特技
특히	especially	特別	特に

🔴 연습해 봅시다.

bareum 086.mp3

1. **타임**　　**타입**

　Ⓔ time　🀄 时间　🇯 タイム　　　Ⓔ type　🀄 种类　🇯 タイプ

2. **단정**　　**당선**

　Ⓔ conclusion　🀄 断定　　　Ⓔ election　🀄 当选　🇯 当選
　🇯 断定

🔴 확인해 봅시다.

특기와 **특히** 발음할 수 있어요?

☐ 네　　　　☐ 아니요

연습문제

1. 다음을 듣고 알맞은 그림을 고르십시오.

bareum 087.mp3

1)  

2)  

2. 다음을 듣고 알맞은 것을 고르십시오.

bareum 088.mp3

1) 특기 / 특히

2) 사탕이 달아요. / 사탕이 달라요.

3. 다음을 듣고 따라 하십시오.

bareum 089.mp3

1) 다르다 / 따르다

2) 대추를 대충 씻었어요.
   단골손님이 땅콩을 좋아해요

4. 다음을 듣고 쓰십시오.

bareum 090.mp3

1) _________________

2) _________________

3) _________________

4) _________________

ㅁ

마루 · 말
마을 · 마음
마치다 · 맡기다
매연 · 매형
매주 · 맥주
머리 · 멀리
모레 · 몰래
무료 · 무용

27 마루·말

○ 따라해 봅시다.

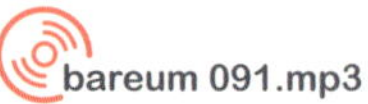

마루　　　　말

○ 들어 봅시다.

미카: 우리 이제 마루(말) 타러 가자.

지수: 응? 마루? 말?

미카: 제주도에 오면 꼭 마루(말) 타야 한대.

⭕ 알아봅시다.

	영어	중국어	일본어
마루	floor	地板	床
말	horse	马	馬

⭕ 연습해 봅시다.

bareum 093.mp3

1.

막걸리	목걸이
E Korean rice wine　中 米酒 日 マッコリ	E necklace　中 项链 日 ネックレス

2.

매다	맵다
E tie　中 系　日 結ぶ	E spicy　中 辣　日 辛い

⭕ 확인해 봅시다.

마루와 말 발음할 수 있어요?

☐ 네　　　☐ 아니요

○ 따라해 봅시다.

○ 들어 봅시다.

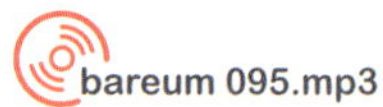

태민: 그 영화 어땠어?

왕홍: 주인공의 마을(마음)이 너무 좋았어.

태민: 그렇지. 그런 마을에서 살면 좋겠어.

왕홍: 난 그런 마을(마음)을 갖고 살고 싶어.

○ 알아봅시다.

	영어	중국어	일본어
마을	town	村庄	村
마음	mind, heart	内心	気持ち, 心

○ 연습해 봅시다.

1.

머슴	모습

🇪 farm hand /slave　🇨 男佣人　　🇪 appearance　🇨 样子　🇯 姿
🇯 作男

2.

맏아들	말다툼

🇪 eldest son　🇨 长男　🇯 長男　　🇪 argument　🇨 争吵
🇯 口喧嘩

○ 확인해 봅시다.

마을과 마음 발음할 수 있어요?

☐ 네　　　　　☐ 아니요

29

마치다 · 맡기다

○ 따라해 봅시다.

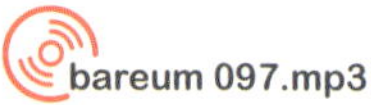

○ 들어 봅시다.

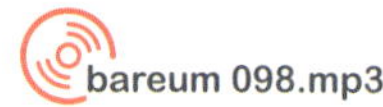

(통화 중)

진용: 일을 맡기고(마치고) 갈게. 조금만 기다려 줘.

(통화 끝나고)

지수: 선배님 벌써 가세요? 남은 것 제가 혼자 다
　　　해요?

진용: 왜 혼자 해? 난 일 맡기고(마치고) 간다니까!

⭕ 알아봅시다.

	영어	중국어	일본어
마치다	finish	结束	終える
맡기다	to assign	交给	任せる

⭕ 연습해 봅시다.

bareum 099.mp3

1.

머리	무리
E head **中** 头 **日** 頭	**E** to overdo it **中** 过分 **日** 無理

2.

먹이다	먹히다
E to feed **中** 喂 **日** 食べさせる	**E** to be eaten **中** 被吃 **日** 食われる

⭕ 확인해 봅시다.

마치다와 **맡기다** 발음할 수 있어요?

☐ 네   ☐ 아니요

30

매연 · 매형

🔵 **따라해 봅시다.** 

🔵 **들어 봅시다.** 

(전화로)

켄지: 지금 매형(매연) 때문에 미치겠어.

지수: 매형이랑 무슨 문제가 있어?

켄지: 여기는 도로변이라서 자동차 매형(매연)이
심해.

○ 알아봅시다.

	영어	중국어	일본어
매연	fumes	煤烟, 尾气	ばい煙
매형	brother in law	姐夫	義兄(姉の夫)

* 매형: (형제의)언니, 누나의 남편을 가리키거나 부르는 말.

○ 연습해 봅시다.

bareum 102.mp3

1.

문명	문병
E civilization　中 文明　日 文明	E hospital visitation　中 探病 日 お見舞い

2.

문학	문화
E literature　中 文学　日 文学	E culture　中 文化　日 文化

○ 확인해 봅시다.

매연과 **매형** 발음할 수 있어요?

☐ 네　　　　☐ 아니요

31 매주 · 맥주

따라해 봅시다.

들어 봅시다.

왕홍: 우리 매주(맥주) 마시러 가자!

태민: 뭐? 매주는 힘들어.

왕홍: 야! 매주(맥주)가 술이야?

태민: 응? 매주 마시러 가자며?

⭕ 알아봅시다.

	영어	중국어	일본어
매주	every week	每周	每週
맥주	beer	啤酒	ビール

⭕ 연습해 봅시다.

1. **많다**　　　　**맞다**

ⓔ lots　ⓒ 许多　ⓙ 多い　　ⓔ correct　ⓒ 正确　ⓙ 合う

2. **미숙**　　　　**미술**

ⓔ inexperienced　ⓒ 不熟练　　ⓔ art　ⓒ 美术　ⓙ 美術
ⓙ 未熟

⭕ 확인해 봅시다.

매주와 **맥주** 발음할 수 있어요?

☐ 네　　　　☐ 아니요

머리 · 멀리

○ **따라해 봅시다.**  bareum 106.mp3

○ **들어 봅시다.**  bareum 107.mp3

(캠퍼스에서)

지수: 미카 씨, 빨리 와요. 저기서 뭐 촬영하나 봐요.

미카: 정말요? 저기 머리(멀리) 있는 사람이 누구예요?

지수: 예? 어디 있는 사람이라고요?

미카: 저기 머리(멀리) 있잖아요. 안 보여요?

⭘ 알아봅시다.

	영어	중국어	일본어
머리	head	头	頭
멀리	far away	远处	遠く, はるかに

⭘ 연습해 봅시다.

1.

미모	미묘
Ⓔ good looks　Ⓒ 美貌　Ⓙ 美貌	Ⓔ delicate, subtle　Ⓒ 微妙 Ⓙ 微妙

2.

미력	미련
Ⓔ poor ability　Ⓒ 微薄之力 Ⓙ 微力	Ⓔ lingering attachment Ⓒ 留恋　Ⓙ 未練

⭘ 확인해 봅시다.

머리와 멀리 발음할 수 있어요?

☐ 네　　　　☐ 아니요

33 모레 · 몰래

○ **따라해 봅시다.**

○ **들어 봅시다.**

켄지: 내일 몰래(모레) 동물원에 갈까?

지수: 응? 우리 둘만?

켄지: 아니. 다 같이 가는 거야.

지수: 그럼 왜 몰래 가자고 하는 거야?

⭕ 알아봅시다.

	영어	중국어	일본어
모레	the day after tomorrow	后天	明後日
몰래	secretly	偷偷地，悄悄地	こっそり, 内緒で

⭕ 연습해 봅시다.

bareum 111.mp3

1.

매력	매몰
Ⓔ charm, appeal　Ⓒ 魅力 Ⓙ 魅力	Ⓔ buried　Ⓒ 填埋　Ⓙ 埋没

2.

모기	묘기
Ⓔ mosquito　Ⓒ 蚊子　Ⓙ 蚊	Ⓔ acrobatics　Ⓒ 妙技　Ⓙ 妙技

⭕ 확인해 봅시다.

모레와 몰래 발음할 수 있어요?

☐ 네　　　　☐ 아니요

34 무료·무용

○ 따라해 봅시다.

○ 들어 봅시다.

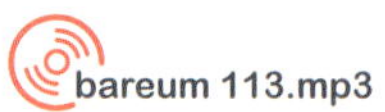

진용: 방학 때 무료(무용) 강좌가 있대.

지수: 어떤 강좌예요?

진용: 무료(무용) 강좌.

지수: 네. 무료인 건 알겠고요. 내용은요?

○ **알아봅시다.**

	영어	중국어	일본어
무료	free	免費	無料
무용	dance	舞蹈	舞踊

○ **연습해 봅시다.**

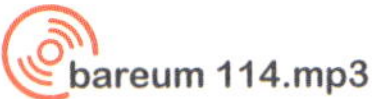
bareum 114.mp3

1.

맞추다	**멈추다**
Ⓔ set, adjust　㊥ 对接 ㊐ 合わせる	Ⓔ stop, halt　㊥ 停止 ㊐ 止まる

2.

민속	**민족**
Ⓔ folklore　㊥ 民俗　㊐ 民俗	Ⓔ ethnic group/race ㊥ 民族　㊐ 民族

○ **확인해 봅시다.**

무료와 **무용** 발음할 수 있어요?

☐ 네　　　　☐ 아니요

1. 다음을 듣고 알맞은 그림을 고르십시오.

bareum 115.mp3

1) 

2)

2. 다음을 듣고 알맞은 것을 고르십시오.

bareum 116.mp3

1) 머슴 / 모습
2) 마음이 예뻐요. / 마을이 예뻐요.

3. 다음을 듣고 따라 하십시오.

bareum 117.mp3

1) 민속 / 민족
2) 매주 맥주를 마셔요.
   무료 무용 수업에 가요.

4. 다음을 듣고 쓰십시오.

bareum 118.mp3

1) _________________

2) _________________

3) _________________

4) _________________

바다 • 바탕
바닥 • 바둑
반성 • 방송
반장 • 반찬
발 • 팔
배 • 폐
배달 • 배탈
백 • 팩
보관 • 본관
보기 • 포기
부엌 • 북어
불 • 뿔
비록 • 피로
비료 • 필요
비자 • 피자
뽀뽀 • 폭포

○ **따라해 봅시다.**

○ **들어 봅시다.**

진용: 미카, 이 바다 그림 예쁘지?

미카: 바다 색깔이 너무 예뻐요. 진짜 바다 같아요.

진용: 바탕색을 특별한 방식으로 그렸대.

미카: 아, 그렇군요.

○ 알아봅시다.

	영어	중국어	일본어
바다	beach	大海	海
바탕	background, foundation	背景	背景

○ 연습해 봅시다.

bareum 121.mp3

1.

바다	파다
Ⓔbeach　Ⓒ大海　Ⓙ海	Ⓔdig　Ⓒ挖　Ⓙ掘る

2.

바르다	빠르다
Ⓔcover, apply　Ⓒ正　Ⓒ正しい	Ⓔfast　Ⓒ快　Ⓙはやい

○ 확인해 봅시다.

바다와 바탕 발음할 수 있어요?

☐ 네　　　☐ 아니요

36 바닥 · 바둑

들어 봅시다.

켄지: 태민아, 바둑 둘 수 있어?

태민: 응. 둘 수 있어. 같이 할까?

켄지: 그래, 거실 바닥에 앉아서 두자.

⭕ 알아봅시다.

	영어	중국어	일본어
바닥	floor	地板	床
바둑	Baduk	围棋	囲碁

⭕ 연습해 봅시다.

1. **밝다** — Ⓔ bright　Ⓒ 明亮　Ⓙ 明るい

   밟다 — Ⓔ step on　Ⓒ 踩　Ⓙ 踏む

2. **방울** — Ⓔ bell　Ⓒ 铃铛　Ⓙ 鈴

   방음 — Ⓔ sound proof　Ⓒ 隔音　Ⓙ 防音

⭕ 확인해 봅시다.

바닥과 **바둑** 발음할 수 있어요?

☐ 네　　　　☐ 아니요

37 반성·방송

○ **따라해 봅시다.**

○ **들어 봅시다.**

태민: 지수가 화났던데 무슨 일이야?

켄지: 내가 실수한 게 있어서, 지금 방송(반성)
　　　중이라고 전해줘.

태민: 방송 중? 어디서?

○ 알아봅시다.

	영어	중국어	일본어
반성	self-reflection	反省, 检讨	反省
방송	broadcasting	广播	放送

○ 연습해 봅시다.

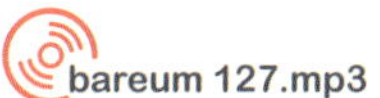

1. **빨리** / **파리**

E quickly　中 快速　日 はやく　　　E Paris　中 巴黎　日 パリ

2. **방** / **빵**

E room　中 房间　日 部屋　　　E bread　中 面包　日 パン

○ 확인해 봅시다.

반성과 **방송** 발음할 수 있어요?

☐ 네　　　☐ 아니요

반장·반찬

○ **따라해 봅시다.**

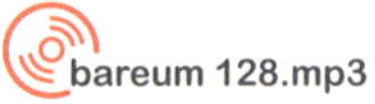

○ **들어 봅시다.**

켄지: 오늘 반장(반찬)이 없어 보여.

태민: 반장은 조금 이따가 올 거래.

켄지: 그래? 오늘 반장(반찬) 따로 나오는 거야?

○ 알아봅시다.

	영어	중국어	일본어
반장	class leader	班长	班長, 学級委員長
반찬	side dish	小菜	おかず

○ 연습해 봅시다.

bareum 130.mp3

1.	**밤**	**방**
	Ⓔ chestnut　Ⓒ 栗子　Ⓙ 栗	Ⓔ room　Ⓒ 房间　Ⓙ 部屋

2.	**빼다**	**패다**
	Ⓔ subtract, take　Ⓒ 拔出 Ⓙ 抜く	Ⓔ sink　Ⓒ 被挖　Ⓙ 掘られる

○ 확인해 봅시디.

반장과 **반찬** 발음할 수 있어요?

☐ 네　　　☐ 아니요

 발·팔

○ 따라해 봅시다.

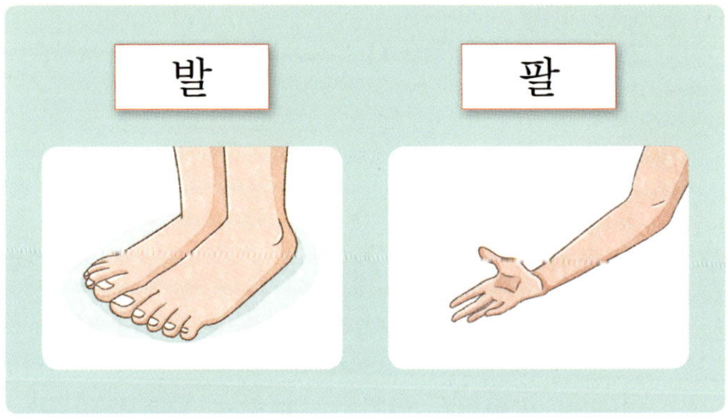

○ 들어 봅시다.

미카: 어제 운동했는데 발(팔)이 좀 아파요.
근육통인가 봐요.

태민: 많이 달렸어요?

미카: 네. 달리기도 했어요. 발(팔)이 아파서 가방
들기가 좀 힘들어요.

태민: 가방 들기? 발로요?

⭕ 알아봅시다.

	영어	중국어	일본어
발	foot	脚	足
팔	arm	胳膊	腕

⭕ 연습해 봅시다.

bareum 133.mp3

1.

뱀	**펜**
🄴 snake　🀄 蛇　🄹 ヘビ	🄴 pen　🀄 笔　🄹 ペン

2.

봄	**품**
🄴 spring　🀄 春季　🄹 春	🄴 breast　🀄 怀里　🄹 懐

⭕ 확인해 봅시디.

발과 팔 발음할 수 있어요?

☐ 네　　　　☐ 아니요

배·폐

따라해 봅시다.

bareum 134.mp3

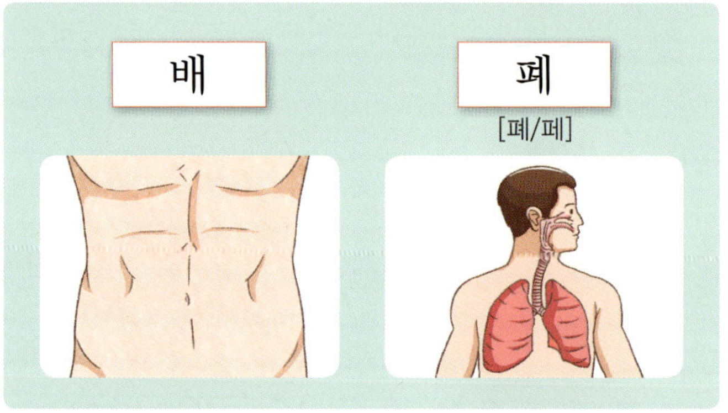

들어 봅시다.

bareum 135.mp3

지수: 켄지, 어디 아파?

켄지: 폐(배)가 좀 아프네.

지수: 폐가 아파? 큰일이네. 빨리 병원에 가 봐.

켄지: 아니 괜찮아. 화장실 가면 돼.

⊙ 알아봅시다.

	영어	중국어	일본어
배	stomach	肚子	腹
폐	lungs	肺	肺

⊙ 연습해 봅시다.

1.

보람	보름

E worthwhile, fruitful 中 价值
日 やり甲斐

E 15th day of lunar month
中 半月 日 半月

2.

불	풀

E fire 中 火 日 火

E grass 中 草 日 草

⊙ 확인해 봅시다.

배와 폐 발음할 수 있어요?

☐ 네   ☐ 아니요

41 배달 · 배탈

따라해 봅시다.

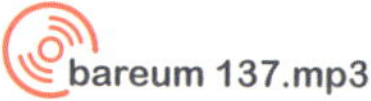

들어 봅시다.

지수: 왜 그래요? 어디 아파요?

미카: 배달 음식 먹고 배탈이 났어요.

지수: 많이 아파요? 병원에 같이 가 줄까요?

미카: 약을 먹었으니까 괜찮아지겠죠.

⭕ 알아봅시다.

	영어	중국어	일본어
배달	delivery	外卖	配達
배탈	stomachache	腹泻	腹痛(下痢)

＊ **배달 음식**(delivery food)

⭕ 연습해 봅시다.

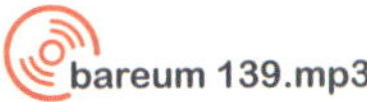

1.

비	피

Ⓔ rain　Ⓒ雨　Ⓙ雨　　　　Ⓔ blood　Ⓒ血　Ⓙ血

2.

부채	부케

Ⓔ fan (folding fan)　Ⓒ扇子　　　Ⓔ bouquet　Ⓒ婚礼花束 （球）
Ⓙ うちわ　　　　　　　　　　　Ⓙ ブーケ

⭕ 확인해 봅시나.

배달과 **배탈** 발음할 수 있어요?

☐ 네　　　　　☐ 아니요

42 백·팩

들어 봅시다.

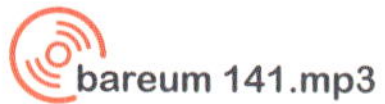

점원: 어서 오세요. 찾으시는 제품 있으세요?

왕홍: 네. 꿀 팩 있어요?

점원: 여기 있습니다. 몇 개 드릴까요?

왕홍: 꿀 팩 백 개 주세요.

⭕ 알아봅시다.

	영어	중국어	일본어
백	one hundred	百	百
팩	facial mask (pack)	面膜	パック

⭕ 연습해 봅시다.

1. | 복수 | 복습 |
|---|---|

Ⓔrevenge　Ⓒ复仇　Ⓙ復讐　　Ⓔrevision　Ⓒ复习　Ⓙ復習

2. | 배양 | 폐암 |
|---|---|

Ⓔcultivation　Ⓒ培养　Ⓙ培養　　Ⓔlung cancer　Ⓒ肺癌　Ⓙ肺癌

⭕ 확인해 봅시다.

백과 팩 발음할 수 있어요?

☐ 네　　　　☐ 아니요

43 # 보관 · 본관

○ 따라해 봅시다. 

bareum 143.mp3

○ 들어 봅시다. 

bareum 144.mp3

왕홍: 우리가 했던 학생 서명 활동 말인데
　　　서류들은 어디에 있어?

지수: 글쎄. 학생 지원 센터에서 보관하고 있겠지?

왕홍: 그러면 보관(본관)으로 가서 찾아봐야겠네.

○ 알아봅시다.

	영어	중국어	일본어
보관	storage	保管	保管
본관	main building	本馆 (行政大楼)	本館

○ 연습해 봅시다.

bareum 145.mp3

1.

변화	평화
Ⓔ change　Ⓒ 变化　Ⓙ 变化	Ⓔ peace　Ⓒ 和平　Ⓙ 平和

2.

분석	풍선
Ⓔ analysis　Ⓒ 分析　Ⓙ 分析	Ⓔ balloon　Ⓒ 气球　Ⓙ 風船

○ 확인해 봅시다.

보관과 본관 발음할 수 있어요?

☐ 네　　　☐ 아니요

44 보기 · 포기

○ **따라해 봅시다.** bareum 146.mp3

○ **들어 봅시다.** bareum 147.mp3

지수: 어떻게 하는지 모를 때는 보기를 봐.

왕홍: 모르면 포기해야지.

지수: 포기하지 말고 보기를 봐.

⃝ 알아봅시다.

	영어	중국어	일본어
보기	example	例子	見本, 例
포기	quit	抛弃, 放弃	放棄, やめる

⃝ 연습해 봅시다.

bareum 148.mp3

1. **편의** / **편입**
   - Ⓔ convenience　Ⓒ 便利　Ⓙ 便宜
   - Ⓔ transfer　Ⓒ 编入　Ⓙ 編入

2. **부부** / **부품**
   - Ⓔ couple (husband and wife)　Ⓒ 夫妻　Ⓙ 夫婦
   - Ⓔ parts　Ⓒ 零件　Ⓙ 部品

⃝ 확인해 봅시다.

보기와 **포기** 발음할 수 있어요?

☐ 네　　　☐ 아니요

45 부엌·북어

○ 따라해 봅시다.

○ 들어 봅시다.

왕홍: 아까 슈퍼에서 산 북어 못 봤어?

지수: 부엌에 갖다 놓았어.

왕홍: 부엌에 북어가 없는데….

○ 알아봅시다.

	영어	중국어	일본어
부엌	kitchen	厨房	台所
북어	dried pollack	干明太鱼	干しスケトウダラ

＊**슈퍼**(supermarket)

○ 연습해 봅시다.

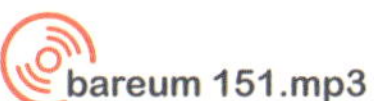
bareum 151.mp3

1.

보도	포도

E report/coverage　中 报道　
日 報道

E grape　中 葡萄　日 ブドウ

2.

분류	불륜

E classification　中 分类　
日 分類

E affair, adultery　中 不合人伦　
日 不倫

○ 확인해 봅시다.

부엌과 **북어** 발음할 수 있어요?

☐ 네　　　　☐ 아니요

46 불·뿔

○ **따라해 봅시다.**

○ **들어 봅시다.**

켄지: 저기 봐. 뿔(불)이 났나 봐.

태민: 뿔이 났다고? 누가 화났어?

켄지: 저기 건물이. 요새 건조해서 그런가 봐.

⭕ 알아봅시다.

	영어	중국어	일본어
불	fire	火	火事, 火
뿔	antlers	角	角

＊**뿔이 나다**: 화가 나다

⭕ 연습해 봅시다.

bareum 154.mp3

1.　**박사**　　　**박스**

Ⓔ doctorate, PhD　Ⓒ 博士　　Ⓔ box　Ⓒ 箱子　Ⓙ 箱
Ⓙ 博士

2.　**반대**　　　**빨대**

Ⓔ opposite　Ⓒ 反对　Ⓙ 反对　　Ⓔ drinking straw　Ⓒ 吸管
Ⓙ ストロー

⭕ 확인해 봅시다.

불과 **뿔** 발음할 수 있어요?

☐ 네　　　　☐ 아니요

47

비록·피로

◯ **따라해 봅시다.**

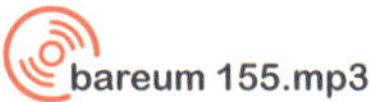

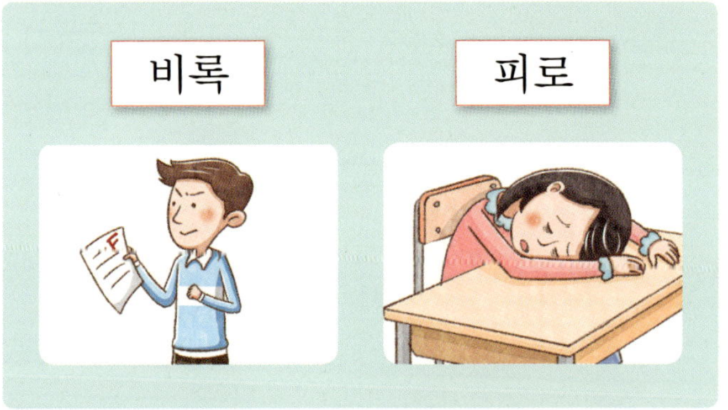

◯ **들어 봅시다.**

태민: 아, 피곤해. 더 이상 못 할 것 같아.
우리 일주일 동안 계속 작업하고 있어.

켄지: 비록 피로가 쌓여도 해야 되는 일이니까
기운 내.

태민: 피로 회복 음료가 필요해. 사 올게.

⭕ 알아봅시다.

	영어	중국어	일본어
비록	even though	即使	たとえ, 仮に
피로	fatigue	疲劳	疲労

⭕ 연습해 봅시다.

1. **발레** / **벌레**

Ⓔ ballet　Ⓒ 芭蕾　Ⓙ バレエ　　Ⓔ insect　Ⓒ 昆虫　Ⓙ 昆虫

2. **발령** / **발명**

Ⓔ appointed　Ⓒ 发配　Ⓙ 発令　　Ⓔ invention　Ⓒ 发明　Ⓙ 発明

⭕ 확인해 봅시다.

비록과 피로 발음할 수 있어요?

☐ 네　　☐ 아니요

48

비료·필요

따라해 봅시다.

bareum 158.mp3

들어 봅시다.

bareum 159.mp3

미카: 요새 채소를 키우기 시작했어요. 근데 잘 자라지 않아요.

지수: 비료를 줬어요?

미카: 비료(필요)해요?

지수: 비료가 필요할 것 같아요.

⭕ 알아봅시다.

	영어	중국어	일본어
비료	fertilizer	肥料	肥料
필요	a necessity	必要, 需要	必要

⭕ 연습해 봅시다.

bareum 160.mp3

1. **발급**　　　　　　　　**벌금**

ⓔ to reissue　ⓒ 发给　ⓙ 発給　　　ⓔ fine　ⓒ 罚金　ⓙ 罰金

2. **범위**　　　　　　　　**범인**

ⓔ range, scope　ⓒ 范围　　　ⓔ criminal　ⓒ 犯人　ⓙ 犯人
ⓙ 範囲

⭕ 확인해 봅시다.

비료와 필요 발음할 수 있어요?

☐ 네　　　　　☐ 아니요

49 # 비자 · 피자

◯ 따라해 봅시다.

◯ 들어 봅시다.

태민: 진용 선배는 안 왔네, 어디 갔어?

왕훙: 피자(비자) 받으러 갔어.

태민: 피자를 받아? 피자 주문했어?

왕훙: 응?

○ 알아봅시다.

	영어	중국어	일본어
비자	visa	签证	ビザ, 査証
피자	pizza	披萨	ピザ

○ 연습해 봅시다.

bareum 163.mp3

1. **법원** / **병원**

Ⓔ court　Ⓒ 法院　Ⓙ 裁判所　　Ⓔ hospital　Ⓒ 医院　Ⓙ 病院

2. **변경** / **변명**

Ⓔ change/alter　Ⓒ 变更　Ⓙ 変更　　Ⓔ excuse　Ⓒ 辩解　Ⓙ 弁明

○ 확인해 봅시다.

비자와 **피자** 발음할 수 있어요?

☐ 네　　　　☐ 아니요

50 뽀뽀·폭포

○ 따라해 봅시다.

뽀뽀 　 폭포

○ 들어 봅시다.

태민: 여기 경치도 좋고 공기도 좋아요.
　　저기 뽀뽀….

미카: 어? 저기 폭포 있네요. 멋져요.

태민: 아니. 폭포 말고 뽀뽀….

⭕ 알아봅시다.

	영어	중국어	일본어
뽀뽀	kiss	亲嘴	キス
폭포	waterfall	瀑布	滝

⭕ 연습해 봅시다.

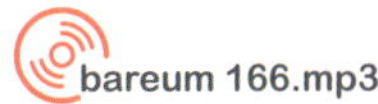
bareum 166.mp3

1.
분실	품질
ⓔ lost, missing ⓒ 丢失 ⓙ 紛失	ⓔ quality ⓒ 质量 ⓙ 品質

2.
비치다	비키다
ⓔ shine ⓒ 照亮 ⓙ 照らす	ⓔ step aside ⓒ 避开 ⓙ 避ける

⭕ 확인해 봅시다.

뽀뽀와 폭포 발음할 수 있어요?

☐ 네   ☐ 아니요

연습문제

1. 다음을 듣고 알맞은 그림을 고르십시오.　　bareum 167.mp3

1) 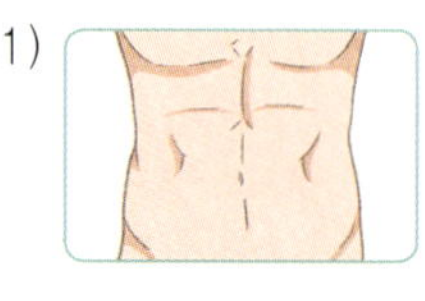 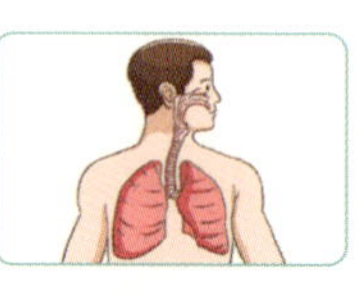

2)  

2. 다음을 듣고 알맞은 것을 고르십시오.　　bareum 168.mp3

　　1) 불 / 풀
　　2) 발이 아파요. / 팔이 아파요.

3. 다음을 듣고 따라 하십시오.　　bareum 169.mp3

　　1) 포도 / 보도
　　2) 그 서류는 본관에 보관되고 있어요.
　　　　부엌에 북어를 갖다 놓았어요.

4. 다음을 듣고 쓰십시오.　　bareum 170.mp3

　　1) ___________________

　　2) ___________________

　　3) ___________________

　　4) ___________________

6장

ㅅ ㅆ

사다 · 싸다
사람 · 사랑
사정 · 사촌
삼치 · 참치
상담 · 성당
서식 · 소식
선 · 손
소리 · 수리
속이다 · 숙이다
수수료 · 스스로
수영 · 수용
수저 · 수첩
숯 · 숲
시청 · 신촌
식구 · 식후
식전 · 식초
신장 · 심장
신호 · 신혼

사다 · 싸다

◎ 따라해 봅시다.

◎ 들어 봅시다.

미카: 어제 쇼핑하러 명동에 갔다면서요?
뭐 샀(샀)어요?

지수: 지금 명동 세일하고 있어서 싼 게
많더라고요.

미카: 그러니까 뭐 샀(샀)는데요?

○ 알아봅시다.

	영어	중국어	일본어
사다	to buy	买	買う
싸다	cheap	便宜	安い

○ 연습해 봅시다.

bareum 173.mp3

1.

산	삼
🇪 mountain 🇨 山 🇯 山	🇪 three 🇨 三 🇯 三

2.

살	쌀
🇪 skin 🇨 皮肉 🇯 肉, 身, 皮膚	🇪 rice 🇨 米 🇯 米

○ 확인해 봅시다.

사다와 **싸다** 발음할 수 있어요?

☐ 네　　　　☐ 아니요

52

사람 · 사랑

따라해 봅시다.

들어 봅시다.

왕홍: 선배가 곧 결혼한대. 정말 부러워.

지수: 그래? 너는 남자 친구 없어?

왕홍: 응. 없어.

지수: 걱정하지 마. 곧 사랑하는 사람이 생기겠지.

⊙ 알아봅시다.

	영어	중국어	일본어
사람	person	人	人
사랑	love	爱情	愛

⊙ 연습해 봅시다.

bareum 176.mp3

1.
사건	사고
Ⓔ incident, case　中 案件 日 事件	Ⓔ accident　中 事故　日 事故

2.
사업	산업
Ⓔ business　中 事业　日 事業	Ⓔ industry　中 产业　日 産業

⊙ 확인해 봅시다.

사람과 사랑 발음할 수 있어요?

☐ 네　　　　☐ 아니요

 사정 · 사촌

따라해 봅시다.

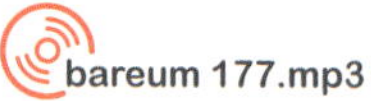

들어 봅시다.

왕홍: 내일 집에 놀러 가도 돼?

친구: 글쎄, 집에 사촌 언니가 와 있어서….

왕홍: 사촌 언니가 놀러 온 거야?

친구: 아니. 사촌 언니가 사정이 생겨서 당분간
　　　같이 살게 됐어.

○ 알아봅시다.

	영어	중국어	일본어
사정	issue	情況	事情, 都合
사촌	cousin	堂兄弟	いとこ

○ 연습해 봅시다.

1.

상대	상태
Ⓔ partner　Ⓒ 对象　Ⓙ 相手	Ⓔ condition, state Ⓒ 状态　Ⓙ 状態

2.

삼촌	상처
Ⓔ uncle　Ⓒ 叔叔　Ⓙ 叔父	Ⓔ wound　Ⓒ 伤痕　Ⓙ 傷

○ 확인해 봅시다.

사정과 사촌 발음할 수 있어요?

☐ 네　　　　☐ 아니요

54 삼치 · 참치

○ **따라해 봅시다.**

○ **들어 봅시다.**

지수: 오늘 저녁 반찬은 뭐로 할까?

왕홍: 난 삼치(참치) 좋아.

지수: 그래? 이따 사 가지고 갈게.

(집에서)

왕홍: 이게 뭐야?

지수: 삼치구이. 좋아한다면서?

⭕ 알아봅시다.

	영어	중국어	일본어
삼치	Spanish mackerel	鲅鱼	サワラ
참치	tuna	金枪鱼	マグロ

⭕ 연습해 봅시다.

bareum 182.mp3

1.
사각	삼각
Ⓔ square　Ⓒ 四角　Ⓙ 四角	Ⓔ triangle　Ⓒ 三角　Ⓙ 三角

2.
상환	상황
Ⓔ repayment　Ⓒ 偿还　Ⓙ 償還	Ⓔ situation　Ⓒ 状况　Ⓙ 状況

⭕ 확인해 봅시다.

삼치와 참치 발음할 수 있어요?

☐ 네　　　　☐ 아니요

○ 따라해 봅시다.

○ 들어 봅시다.

미카: 다음 주에 취업 상담회 어디서 해요?

지수: 명동 성당 근처에서 한대요.

미카: 나도 상담회에 가니까 명동성당 앞에서 봐요.

지수: 네. 알았어요.

○ 알아봅시다.

	영어	중국어	일본어
상담	consultation	商谈，咨询	相談
성당	cathedral	圣堂	聖堂

○ 연습해 봅시다.

bareum 185.mp3

1.

살림	살인
ⓔ housekeeping　ⓒ 家事 ⓙ 家事	ⓔ murder　ⓒ 杀人　ⓙ 殺人

2.

서류	석류
ⓔ document　ⓒ 文件　ⓙ 書類	ⓔ pomegranate　ⓒ 石榴 ⓙ ザクロ

○ 확인해 봅시다.

상담과 **성당** 발음할 수 있어요?

☐ 네　　　　☐ 아니요

56 서식·소식

○ **따라해 봅시다.**

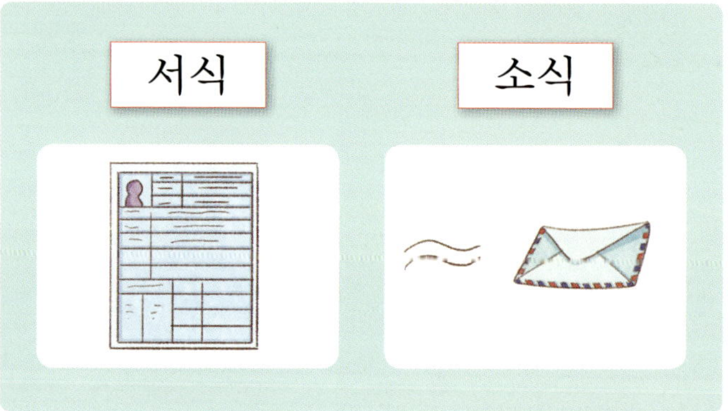

○ **들어 봅시다.**

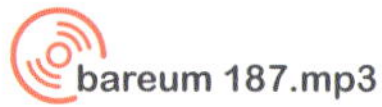

켄지: 태민아, 이번 학기부터 논문 서식이 바뀌었
　　　다는 거 알아?

태민: 그래?

켄지: 응. 어제 이메일 왔던데? 너도 확인해 봐.
　　　이메일 제목은 '논문 서식 변경 소식'이야.

○ 알아봅시다.

	영어	중국어	일본어
서식	format	（文件）格式	書式
소식	news	消息	消息, 便り

○ 연습해 봅시다.

1.

산	선
E mountain　中 山　日 山	E line　中 线　日 線

2.

서리	소리
E frost　中 霜　日 霜	E sound, noise　中 声音 日 音，声

○ 확인해 봅시다.

서식과 소식 발음할 수 있어요?

☐ 네　　　☐ 아니요

57 선·손

○ **따라해 봅시다.**

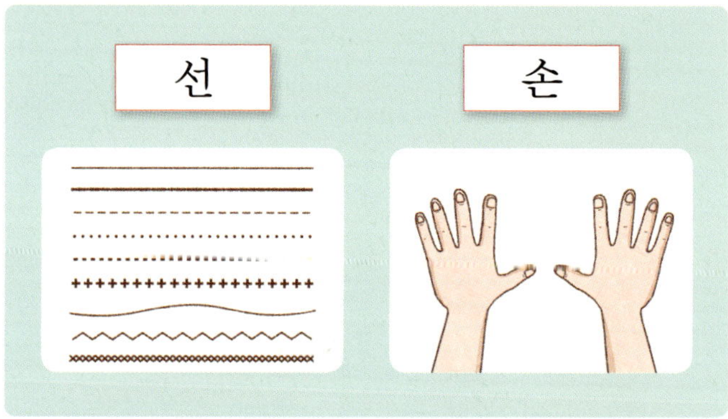

○ **들어 봅시다.**

켄지: 손 좀 줘 봐. 손금 봐 줄게.

태민: 어? 켄지는 손금 볼 수 있어?

켄지: 응. 운세에 관심이 많아서 배웠어.

태민: 어때? 어느 선이 생명선이야?
　　　나 오래 살 수 있을까?

⭕ 알아봅시다.

	영어	중국어	일본어
선	line	线	線
손	hand	手	手

⭕ 연습해 봅시다.

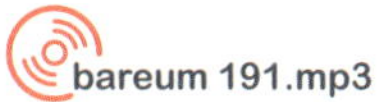
bareum 191.mp3

1.

석유	섬유
ⓔ oil, petroleum　ⓒ 石油 ⓙ 石油	ⓔ fiber, textile　ⓒ 纤维 ⓙ 繊維

2.

소금	송금
ⓔ salt　ⓒ 盐　ⓙ 塩	ⓔ remittance (transfer money) ⓒ 汇款　ⓙ 送金

⭕ 확인해 봅시다.

선과 손 발음할 수 있어요?

☐ 네　　　☐ 아니요

58 소리·수리

○ 따라해 봅시다.

○ 들어 봅시다.

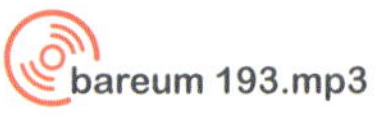

지수: 일주일 전부터 윗집 수리 때문에 시끄러워요.

미카: 수리하는 소리가 너무 커서요?

지수: 네. 게다가 옆집 개 짖는 소리도 장난 아니에요.

미카: 수리 소리, 개 소리…. 시끄럽겠네요.

⭕ 알아봅시다.

	영어	중국어	일본어
소리	sound	声音	音, 声
수리	repairs	修理	修理

⭕ 연습해 봅시다.

bareum 194.mp3

1.

쏘다	쏟다
ⓔ shoot　ⓒ 射击　ⓙ 撃つ	ⓔ spill　ⓒ 泼洒　ⓙ こぼす

2.

수면	수명
ⓔ sleep　ⓒ 睡眠　ⓙ 睡眠	ⓔ life span　ⓒ 寿命　ⓙ 寿命

⭕ 확인해 봅시다.

소리와 수리 발음할 수 있어요?

☐ 네　　　☐ 아니요

59 속이다·숙이다

○ 따라해 봅시다.

○ 들어 봅시다.

켄지: 고개를 숙이면서 남을 속이는 사람이 있어.

태민: 겸손한 태도를 취하면서도 남을 속이는 거지?

켄지: 그래. 난 그런 사람이 싫어.

태민: 나도.

알아봅시다.

	영어	중국어	일본어
속이다	deceive	骗	騙す
숙이다	bow (lower one's head)	低头	(頭を)下げる

연습해 봅시다.

1.

성장	손자
E growth, development 中 成长　日 成長	E grandchild　中 孙子　日 孫

2.

수다	수단
E chatter　中 聊天 日 おしゃべり	E means, method　中 手段 日 手段

확인해 봅시다.

속이다와 **숙이다** 발음할 수 있어요?

☐ 네　　　　☐ 아니요

60

수수료 · 스스로

○ 따라해 봅시다.

수수료   스스로

○ 들어 봅시다.

미카: 회비를 출금해야 하는데 지금 좀 바쁘네요.
　　　왕홍 씨가 저 대신 좀 해 주실래요?

왕홍: 네. 그럴게요. 그런데 은행 마감 시간이
　　　지나서 스스로(수수료)가 나을(나올) 것 같아요.

미카: (스스로?) 아! 알겠어요. 그냥 제가 갈게요.

⭕ 알아봅시다.

	영어	중국어	일본어
수수료	fees	手续费	手数料
<u>스스로</u>	by oneself	自觉自愿	自ら, 自然と

⭕ 연습해 봅시다.

bareum 200.mp3

1.
수업	수염
🇪 lesson 🀄 上课 🇯 授業	🇪 facial hair 🀄 胡须 🇯 ひげ

2.
수익	수입
🇪 profit 🀄 收益 🇯 收益	🇪 import 🀄 收入 🇯 收入

⭕ 확인해 봅시다.

수수료와 스스로 발음할 수 있어요?

☐ 네   ☐ 아니요

61

수영 · 수용

따라해 봅시다.

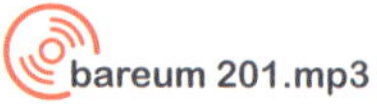

들어 봅시다.

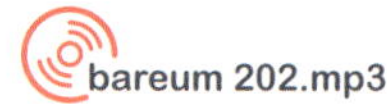

지수: 지난주부터 수영장에 다니고 있다면서요?
수영장은 커요?

미카: 네. 100명 정도 수용할 수 있는 수영장이에요.

지수: 정말 크네요. 수영 용품도 팔지요?

미카: 그럼요, 당연히 팔지요.

⭕ 알아봅시다.

	영어	중국어	일본어
수영	swim	游泳	水泳
수용	accommodate	容纳	収容

⭕ 연습해 봅시다.

bareum 203.mp3

1.

수평	수표
Ⓔhorizon　Ⓒ水平　Ⓙ水平	Ⓔcheck　Ⓒ支票　Ⓙ小切手

2.

수박	숙박
Ⓔwatermelon　Ⓒ西瓜 Ⓙスイカ	Ⓔaccommodation　Ⓒ住宿 Ⓙ宿泊

⭕ 확인해 봅시다.

수영과 수용 발음할 수 있어요?

☐ 네　　　　☐ 아니요

○ 따라해 봅시다.

bareum 204.mp3

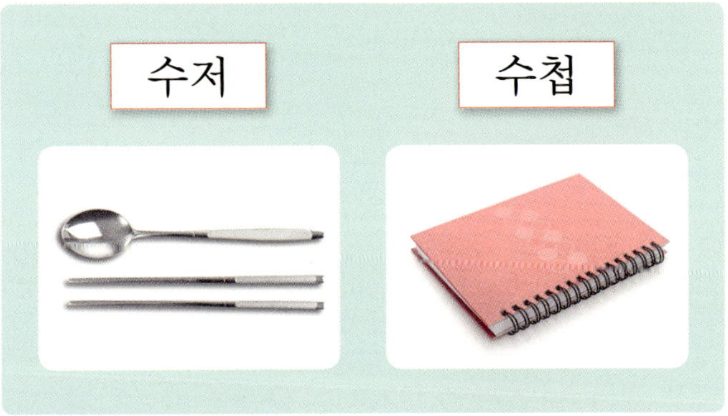

○ 들어 봅시다.

bareum 205.mp3

미카: 제가 수저(수첩)를 잃어버렸는데 못 봤어요?

지수: 못 봤는데요. 수저를 갖고 다녀요?

미카: 네. 핑크색 하트 무늬의 수저(수첩)인데
　　　없으면 큰일이에요.

지수: 걱정하지 마세요. 저랑 같이 학생 식당에
　　　가서 찾아봐요.

⭕ 알아봅시다.

	영어	중국어	일본어
수저	cutlery	勺筷	箸とスプーン
수첩	diary	手册	手帳

⭕ 연습해 봅시다.

bareum 206.mp3

1.

섭취	성취
Ⓔ intake, ingest　Ⓒ 吸收 Ⓙ 摂取	Ⓔ achievement　Ⓒ 成就 Ⓙ 成就

2.

숙소	순서
Ⓔ accommodation　Ⓒ 宿舍 Ⓙ 宿所，宿	Ⓔ order, sequence　Ⓒ 順序 Ⓙ 順序

⭕ 확인해 봅시다.

수저와 수첩 발음할 수 있어요?

☐ 네　　　　☐ 아니요

63 숯·숲

들어 봅시다.

지수: 미카 씨, 이 방향제 효과가 좋대요.

미카: 그래요? 무슨 종류가 있어요?

지수: 숲이랑 숯이 있어요. 숲은 진짜 숲의 향기가
나고, 숯은 향기는 약하지만 냄새를
제거해 줘요.

○ 알아봅시다.

	영어	중국어	일본어
숯	charcoal	木炭	炭
숲	forest	森林	森

○ 연습해 봅시다.

1. | 생전 | 생존 |

E one's life　中 生前　日 生前　　　E survival　中 生存　日 生存

2. | 시력 | 시럽 |

E sight, vision　中 視力　　　E syrup　中 糖浆　日 シロップ
日 視力

○ 확인해 봅시다.

숯과 숲 발음할 수 있어요?

☐ 네　　　　☐ 아니요

<table><tr><td>**64**</td><td># 시청 · 신촌</td></tr></table>

○ **따라해 봅시다.**

bareum 210.mp3

○ **들어 봅시다.**

bareum 211.mp3

(택시 안에서)

켄지: 시청(신촌)으로 가 주세요.

운전기사: 네. (시청으로 출발)

(시청에 도착)

운전기사: 다 왔습니다.

켄지: 네? 여기가 시청(신촌)이에요?

○ 알아봅시다.

	영어	중국어	일본어
시청	city hall	市政府	市庁
신촌	Shinchon	新村(地名)	新村(地名)

○ 연습해 봅시다.

1.
시계	식혜
Ⓔ clock/watch　Ⓒ 钟表 Ⓙ 時計	Ⓔ rice drink　Ⓒ 甜米露 Ⓙ シッケ

2.
실내	실례
Ⓔ inside　Ⓒ 室内　Ⓙ 室内	Ⓔ impolite, bad manners Ⓒ 失礼　Ⓙ 失礼

○ 확인해 봅시다.

시청과 신촌 발음할 수 있어요?

☐ 네　　　　☐ 아니요

식구·식후

○ **따라해 봅시다.**

○ **들어 봅시다.**

켄지: 선배님, 과일을 왜 이렇게 많이 사요?

선배: 우리 식구들은 식후에 과일을 꼭 먹거든.

켄지: 그렇군요.

○ 알아봅시다.

	영어	중국어	일본어
식구	household, family	家人	家族
식후	after meals	饭后	食後

○ 연습해 봅시다.

1. | 실종 | 실천 |
|---|---|

Ｅ disappearance　中 失踪　　Ｅ to put into action　中 实践
日 失踪　　　　　　　　　　日 実践

2. | 싣다 | 심다 |
|---|---|

Ｅ to load, carry　中 装载　　Ｅ to plant　中 种植　日 植える
日 積む

○ 확인해 봅시다.

식구와 식후 발음할 수 있어요?

☐ 네　　　　　☐ 아니요

🔵 따라해 봅시다.

🔵 들어 봅시다.

미카: 지수 씨, 어제 TV에서 봤는데요. 식전에
　　　식초를 먹으면 다이어트 효과가 있대요.

지수: 정말요? 꼭 식전에 먹어야 돼요?

미카: 네. 식전에 식초를 먹어야 효과가 있대요.

◉ 알아봅시다.

	영어	중국어	일본어
식전	before meals	饭前	食前
식초	vinegar	醋	酢

◉ 연습해 봅시다.

bareum 218.mp3

1.
생각	생강
ⓔ thought　ⓒ 想法　ⓙ 考え	ⓔ ginger　ⓒ 生姜 ⓙ ショウガ

2.
신문	신분
ⓔ newspaper　ⓒ 报纸 ⓙ 新聞	ⓔ social position　ⓒ 身份 ⓙ 身分

◉ 확인해 봅시다.

식전과 식초 발음할 수 있어요?

☐ 네　　　　☐ 아니요

67 신장 · 심장

○ **따라해 봅시다.**

bareum 219.mp3

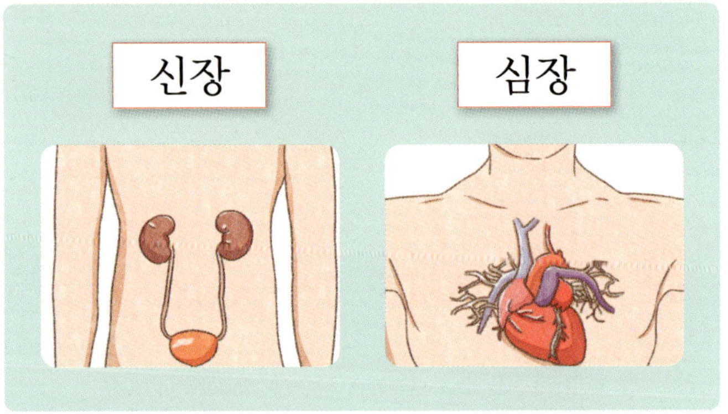

○ **들어 봅시다.**

bareum 220.mp3

켄지: 나 신장(심장)에 문제가 있나 봐.

태민: 그래? 배가 많이 아파?

켄지: 아니. 며칠 전부터 가슴이 아파.

○ 알아봅시다.

	영어	중국어	일본어
신장	kidneys	腎臟	腎臟
심장	heart	心臟	心臟

○ 연습해 봅시다.

1. **살살**　　　　　　　　　　**쌀쌀**(하다)

E softly, gently　中 轻轻地　　　　E chilly, cool　中 冷冰冰
日 そっと　　　　　　　　　　　　日 冷んやりとしている

2. **신선하다**　　　　　　　　**싱싱하다**

E new　中 新鲜　日 新鮮だ　　　　E fresh　中 鲜活
　　　　　　　　　　　　　　　　日 生き生きしている

○ 확인해 봅시다.

신장과 **심장** 발음할 수 있어요?

☐ 네　　　　　　☐ 아니요

68 신호·신혼

따라해 봅시다.

들어 봅시다.

미카: 신혼부부를 보면 눈이 하트 모양으로 보여요.

지수: 제일 행복한 때니까 그렇겠죠.

미카: 신혼부부는 서로 러브 신호를 주고받고 있는 것 같아요.

지수: 하하하. 그 신호도 3개월 지나면 없어질걸요.

알아봅시다.

	영어	중국어	일본어
신호	signal	信号	信号, サイン
신혼	newly wed	新婚	新婚

연습해 봅시다.

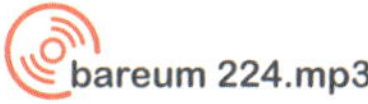
bareum 224.mp3

1. 사전 / 사정

   E beforehand 中 事先 日 事前   E issue 中 情況 日 事情

2. 식물 / 실물

   E vegetation 中 植物 日 植物   E real 中 实物 日 実物

확인해 봅시다.

신호와 신혼 발음할 수 있어요?

☐ 네   ☐ 아니요

연습문제

1. 다음을 듣고 알맞은 그림을 고르십시오.

1)

2)

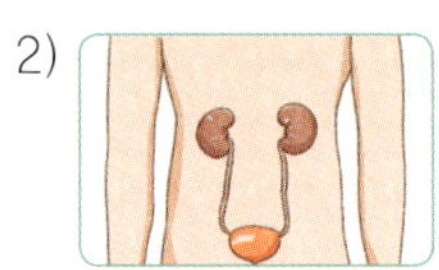 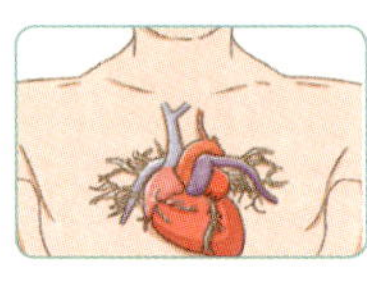

2. 다음을 듣고 알맞은 것을 고르십시오.

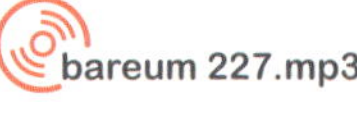

1) 실내 / 실례

2) 그 가게에서는 수저를 팔고 있어요. / 그 가게에서는 수첩을
   팔고 있어요.

3. 다음을 듣고 따라 하십시오.

1) 숯 / 숲

2) 수면이 부족하면 수명이 짧아져요.
   신선한 채소와 싱싱한 생선이 있어요.

4. 다음을 듣고 쓰십시오.

1) _______________________

2) _______________________

3) _______________________

4) _______________________

7장

ㅇ

아기 · 얘기
안약 · 알약
야구 · 약국
야채 · 약제
어이 · 우이
여건 · 여권
연구 · 영국
오늘 · 오일
우동 · 운동
우리 · 의리
의미 · 이미
의사 · 이사
의상 · 이상
의자 · 이자

69 아기·얘기

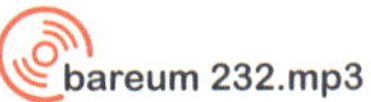

따라해 봅시다.

들어 봅시다.

진용: 김 선배 얘기(애기)가 뉴스에 나왔대.

지수: 김 선배가 애기가 있어요?

진용: 응. 뉴스에 나왔다던데?

* '아기'의 표준 발음은 [아기], 하지만 비표준 발음 [애기]도 많이 사용합니다.
'아기' is the standard form of baby but '애기' is also often used.
'아기'一词的标准发音为 [아기]，但是其非标准音 [애기]也是使用频率很高的发音。
「아기」の標準発音は[아기]ですが、非標準的な発音[애기]もよく使われます。

⭕ 알아봅시다.

	영어	중국어	일본어
아기[애기]	baby	小孩	子供
애기	talk, story	话语	話

⭕ 연습해 봅시다.

bareum 234.mp3

1.

아기	아귀
Ⓔ baby　Ⓒ 小孩　Ⓙ 赤ちゃん	Ⓔ anglerfish　Ⓒ 安康鱼 Ⓙ アンコウ

2.

앉다	않다
Ⓔ sit　Ⓒ 坐　Ⓙ 座る	Ⓔ be not　Ⓒ 不是　Ⓙ ～ない

⭕ 확인해 봅시다.

애기와 얘기 발음할 수 있어요?

☐ 네　　　　　☐ 아니요

70 안약·알약

○ **따라해 봅시다.**

○ **들어 봅시다.**

지수: 눈이 따끔거리네, 좀 봐 줘.

왕홍: 빨갛다. 나한테 알약(안약)이 있는데 넣을래?

지수: 눈에 알약을 넣으라고?

○ 알아봅시다.

	영어	중국어	일본어
안약	eye drops	滴眼药	目薬
알약	pills	药丸	錠剤

○ 연습해 봅시다.

bareum 231.mp3

1.

아가	아까
Ⓔ baby　Ⓒ 小孩　Ⓙ 赤ちゃん	Ⓔ before　Ⓒ 刚才　Ⓙ さっき

2.

아내	안내
Ⓔ wife　Ⓒ 妻子　Ⓙ 妻	Ⓔ inside　Ⓒ 指引　Ⓙ 案内

○ 확인해 봅시다.

안약과 **알약** 발음할 수 있어요?

☐ 네　　　☐ 아니요

야구·약국

따라해 봅시다.

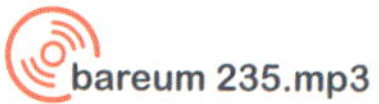

들어 봅시다.

미카: 여기 근처에 야구(약국) 있어요?

태민: 야구장을 찾고 있어요? 학교에서 좀 멀어요.

미카: 목이 아파서 야구(약국)에 가려고요.

태민: 목이 아픈데 왜 야구장에 가요?

◯ 알아봅시다.

	영어	중국어	일본어
야구	baseball	棒球	野球
약국	chemist	药店	薬局

◯ 연습해 봅시다.

1.

약간	약혼
Ⓔ slightly　Ⓒ 若干　Ⓙ 若干	Ⓔ engagement　Ⓒ 订婚　Ⓙ 婚約

2.

양념	양면
Ⓔ seasoning　Ⓒ 调料　Ⓙ ヤンニョム（たれ）	Ⓔ double sided　Ⓒ 两面　Ⓙ 両面

◯ 확인해 봅시다.

야구와 **약국** 발음할 수 있어요?

☐ 네　　　☐ 아니요

72 야채·약제

○ **따라해 봅시다.**

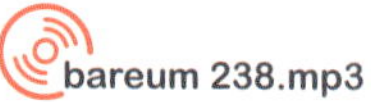

야채

약제
[약쩨]

○ **들어 봅시다.**

켄지: 태민아, 아주머니께서 베란다에서
　　　약제(야채) 상자 좀 가져오라고 하셨어.

태민: 약제 상자? 아주머니 편찮으셔?

켄지: 응? 아니. 김치 담근다셔.

○ 알아봅시다.

	영어	중국어	일본어
야채	vegetables	蔬菜	野菜
약제	medicine box	配药	薬剤

＊**야채**: 일상생활에서 우리가 흔히 말하는 "야채"는 "채소"로 순화해야 하며, "야채"의 본뜻은 야외에서 자라는 풀이다.

○ 연습해 봅시다.

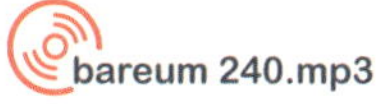

1.

양보	양복
Ⓔ yield, concede　Ⓒ 让步 Ⓙ 讓步	Ⓔ suit　Ⓒ 正装　Ⓙ 洋服

2.

영하	영화
Ⓔ below zero degrees　Ⓒ 零下 Ⓙ 零下	Ⓔ movie　Ⓒ 电影　Ⓙ 映画

○ 확인해 봅시다.

야채와 **약제** 발음할 수 있어요?

☐ 네　　　　☐ 아니요

어이 · 오이

○ **따라해 봅시다.**

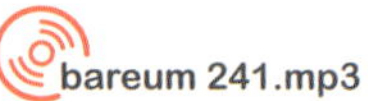

○ **들어 봅시다.**

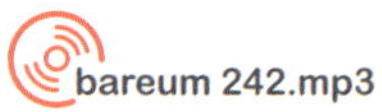

지수: 피부 미용에는 오이 마사지가 좋대요.

미카: 그래요? 근데 저는 어이(오이)가 없어요.

지수: 어이가 없다고요? 내 말이요?

미카: 아니요. 저는 집에 어이(오이)가 없어요.

⭕ 알아봅시다.

	영어	중국어	일본어
어이	nonsense	怎么	呆れる
오이	cucumbers	黄瓜	キュウリ

⭕ 연습해 봅시다.

bareum 243.mp3

1.

언론	얼른
Ⓔ The media　中 言论　日 言論	Ⓔ quickly　中 马上　日 すぐ

2.

얼룩	얼음
Ⓔ stain　中 斑点　日 染み	Ⓔ ice　中 冰　日 氷

⭕ 확인해 봅시다.

어이와 오이 발음할 수 있어요?

☐ 네　　　　☐ 아니요

74 여건·여권

○ **따라해 봅시다.**

○ **들어 봅시다.**

미카: 이번 방학에도 해외여행 갈 거예요?

태민: 아니요. 올해는 여건이 안 돼서 못 갈 것
같아요.

미카: 여건(여권)요? 그건 금방 만들 수 있잖아요.

○ 알아봅시다.

	영어	중국어	일본어
여건	conditions	条件	与件, 条件
여권	passport	护照	旅券, パスポート

○ 연습해 봅시다.

1. **연령** | **연료**

E age **中** 年龄 **日** 年齢   **E** fuel **中** 燃料 **日** 燃料

2. **연세** | **연쇄**

E age (honorific) **中** 年纪   **E** chain **中** 连环 **日** 連鎖
日 お年 (敬語形)

○ 확인해 봅시다.

여건과 **여권** 발음할 수 있어요?

☐ 네   ☐ 아니요

○ 따라해 봅시다.

○ 들어 봅시다.

왕홍: 이번에 연구(영국)에서 노벨상이 나왔대.

태민: 연구? 무슨 연구인데?

왕홍: 그건 잘 모르겠지만 연구(영국) 사람이라는 건
확실해.

태민: 당연히 연구자가 받았겠지.

○ 알아봅시다.

	영어	중국어	일본어
연구	research	研究	研究
영국	England	英国	イギリス

○ 연습해 봅시다.

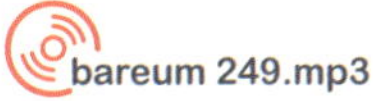

1. **여관** / **여간**

E inn　中 旅馆　日 旅館　　E ordinary　中 普通
　　　　　　　　　　　　　　日 並大抵の

2. **엿** / **옆**

E Korean taffy　中 糖稀　　E beside　中 旁边　日 横，隣
日 飴

○ 확인해 봅시다.

연구와 **영국** 발음할 수 있어요?

☐ 네　　　　☐ 아니요

76 오늘 · 오일

따라해 봅시다.

들어 봅시다.

지수: 일본엔 오월에 골든위크가 있다면서?

켄지: 응. 있어. 보통 4일 동안 쉬는데 일요일이
　　　겹치면 5일 정도 쉬어.

지수: 그래? 언제부터 시작하는데?

켄지: 오일(오늘)이 며칠이지? 아! 오일(오늘)부터
　　　시작이네.

⭕ 알아봅시다.

	영어	중국어	일본어
오늘	today	今天	今日
오일	5 days	五天	5日

⭕ 연습해 봅시다.

bareum 252.mp3

1.

역	욕
Ⓔ station　Ⓒ站　Ⓙ駅	Ⓔ swear word　Ⓒ辱骂 Ⓙ悪口

2.

예술	예습
Ⓔ art　Ⓒ艺术　Ⓙ芸術	Ⓔ preparation　Ⓒ预习 Ⓙ予習

⭕ 확인해 봅시다.

오늘과 오일 발음할 수 있어요?

☐ 네　　　☐ 아니요

77 우동·운동

우동　　운동

들어 봅시다.

켄지: 오늘 운동 많이 해서 그런가?
　　　땀이 많이 나네.

지수: 운동한 후에 이렇게 뜨거운 우동까지
　　　먹으니까 그렇지.

켄지: 시원한 냉면을 시킬걸 그랬어.

지수: 그러게 말야.

⭕ 알아봅시다.

	영어	중국어	일본어
우동	udon noodles	乌冬面	うどん
운동	exercise	运动	運動

⭕ 연습해 봅시다.

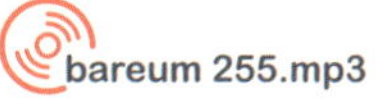

1. **영업** — **영역**

ⓔ business   ⓒ 营业   ⓙ 営業   ⓔ territory, field   ⓒ 领域
ⓙ 領域

2. **연상** — **영상**

ⓔ older   ⓒ 年长   ⓙ 年上   ⓔ image, picture   ⓒ 视频
ⓙ 映像

⭕ 확인해 봅시다.

우동과 운동 발음할 수 있어요?

☐ 네   ☐ 아니요

78

우리·의리

○ **따라해 봅시다.**

○ **들어 봅시다.**

왕홍: 일본에 있는 친구한테서 소포가 왔어.

태민: 그래? 누구? 전에 우리 같이 만났던 친구?

왕홍: 응. 그때 부탁한 CD를 보내 줬어.

태민: 그거 구하기 어렵다던데, 참 의리 있는
　　　친구네.

◯ 알아봅시다.

	영어	중국어	일본어
우리	us	我们	私たち
의리	loyalty	义气	義理

◯ 연습해 봅시다.

bareum 258.mp3

1.

오리	요리
Ⓔ duck　中 鴨子　日 カモ	Ⓔ cooking　中 料理　日 料理

2.

여인	요인
Ⓔ lady, woman　中 女人 日 女人	Ⓔ factor　中 因素　日 要因

◯ 확인해 봅시다.

우리와 의리 발음할 수 있어요?

☐ 네　　　　☐ 아니요

의미·이미

따라해 봅시다.

들어 봅시다.

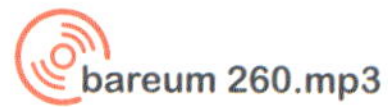

미카: 이번 발표 주제인데, 어때요?

태민: 음, 이건 지난 학기에 김 선배가 했던 건데….
이미 있는 것을 하면 의미가 없어요.

미카: 그렇겠죠? 이미(의미)있는 것을 찾아야겠어요.

태민: 이미 있는 것 말고 새로운 것을 해야 돼요.

미카: 알고 있다니까요.

○ 알아봅시다.

	영어	중국어	일본어
의미	meaning	意义	意味
이미	already	已经	すでに

○ 연습해 봅시다.

1.

요구	욕구
Ⓔ demand　Ⓒ 要求　Ⓙ 要求	Ⓔ desire　Ⓒ 欲求　Ⓙ 欲求

2.

운행	은행
Ⓔ drive　Ⓒ 运行　Ⓙ 運行	Ⓔ bank　Ⓒ 银行　Ⓙ 銀行

○ 확인해 봅시다.

의미와 이미 발음할 수 있어요?

☐ 네　　　　☐ 아니요

80 의사·이사

○ 따라해 봅시다.

○ 들어 봅시다.

지수: 그 사람 직업이 뭐래?

왕홍: 이사(의사)라던데.

지수: 응? 무슨 회사 이사인데?

왕홍: 이사(의사)니까 당연히 병원이겠지.

○ 알아봅시다.

	영어	중국어	일본어
의사	doctor	医生	医者
이사	director	董事长	理事

○ 연습해 봅시다.

bareum 264.mp3

1.

이발	이빨
Ⓔ haircut　Ⓒ 理发　Ⓙ 理髪	Ⓔ tooth　Ⓒ 牙齿　Ⓙ 歯

2.

이웃	이유
Ⓔ neighbor　Ⓒ 邻居　Ⓙ 隣	Ⓔ reason　Ⓒ 理由　Ⓙ 理由

○ 확인해 봅시다.

의사와 이사 발음할 수 있어요?

☐ 네　　　　☐ 아니요

○ **따라해 봅시다.** 

○ **들어 봅시다.** 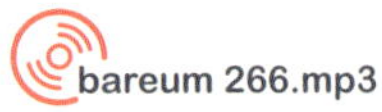

감독: 무대 장치에 이상은 없는 거죠?

조감독: 네. 의상은 무대 뒤에 준비해 두었습니다.

감독: …

O 알아봅시다.

	영어	중국어	일본어
의상	clothing	服装	衣装
이상	strange	异常	異常

O 연습해 봅시다.

bareum 267.mp3

1.

의료	이용
Ⓔ medical treatment　㊥ 医疗　㊐ 医療	Ⓔ to use　㊥ 使用　㊐ 利用

2.

인사	인삼
Ⓔ greet　㊥ 问候　㊐ あいさつ	Ⓔ ginseng　㊥ 人参　㊐ 高麗(朝鮮)人参

O 확인해 봅시다.

의상과 이상 발음할 수 있어요?

☐ 네　　　　☐ 아니요

따라해 봅시다.

bareum 268.mp3

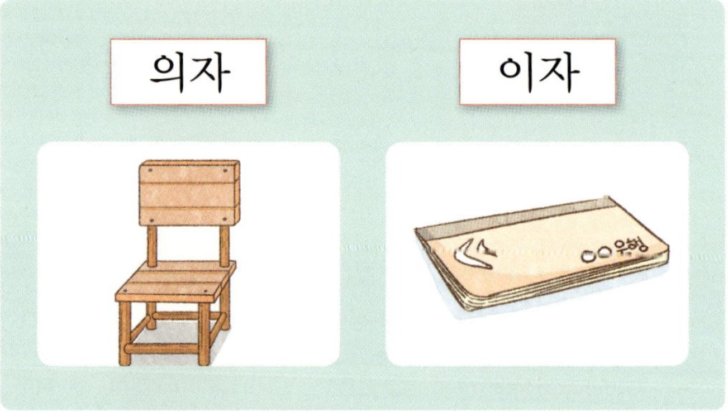

들어 봅시다.

bareum 269.mp3

켄지: 다음 주까지 이자(의자)를 받기로 했는데
　　　연락이 없네.

태민: 왜? 무슨 일 있어?

켄지: 별거 아닌데. 친구가 이자(의자)를 준다고
　　　했는데 연락이 없어.

태민: 얼마나 빌려준 거야?

⭕ 알아봅시다.

	영어	중국어	일본어
의자	chair	椅子	椅子
이자	interest	利息	利子

⭕ 연습해 봅시다.

bareum 270.mp3

1. **일번** | **일본**

Ⓔ number one　Ⓒ一号
Ⓙ 1番

Ⓔ Japan　Ⓒ日本　Ⓙ日本

2. **입다** | **있다**

Ⓔ wear　Ⓒ穿　Ⓙ着る

Ⓔ to be / to have　Ⓒ在
Ⓙ ある，いる

⭕ 확인해 봅시다.

의자와 이자 발음할 수 있어요?

☐ 네　　　☐ 아니요

연습문제

1. 다음을 듣고 알맞은 그림을 고르십시오.　

1) 　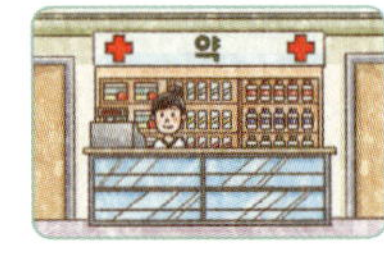

2) 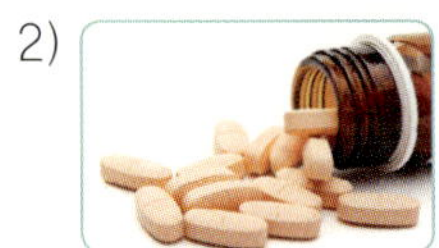　

2. 다음을 듣고 알맞은 것을 고르십시오.　

　　1) 이발 / 이빨

　　2) 저는 운동을 좋아해요. / 저는 우동을 좋아해요.

3. 다음을 듣고 따라 하십시오.　

　　1) 요인 / 여인

　　2) 우리 반 친구들은 의리가 있어요.
　　　 오리 요리를 먹었습니다.

4. 다음을 듣고 쓰십시오.

　　1) ________________

　　2) ________________

　　3) ________________

　　4) ________________

ㅈ ㅉ ㅊ

장난 · 장남
재력 · 체력
저금 · 조금
전국 · 천국
전문 · 정문
중국 · 중급
진하다 · 친하다
집게 · 찌개
짜다 · 차다
처장 · 총장
척척 · 촉촉

장난 · 장남

○ **따라해 봅시다.**

○ **들어 봅시다.**

지수: 너 형제가 있어?

켄지: 응. 남자 형제가 한 명 있어.

지수: 형?

켄지: 아니. 내가 장난(장남)이야.

지수: 장난? 그럼 형제가 없어?

○ 알아봅시다.

	영어	중국어	일본어
장난	joke	调皮	いたずら
장남	oldest son	长男	長男

○ 연습해 봅시다.

bareum 277.mp3

1.

자	차
Ⓔ ruler　⊕ 尺子　日 定規	Ⓔ car　⊕ 车　日 車

2.

자매	참외
Ⓔ sisters　⊕ 姐妹　日 姉妹	Ⓔ (oriental) melon　⊕ 香瓜　日 マクワウリ

○ 확인해 봅시다.

장난과 장남 발음할 수 있어요?

☐ 네　　　　☐ 아니요

84 재력·체력

○ 따라해 봅시다.　

○ 들어 봅시다.　

태민: 미카 씨는 남자한테 뭐가 제일 중요하다고
　　　생각해요? 만일 그 남자랑 결혼을 생각한
　　　다면요.

미카: 음, 두 사람이 같이 살려면 아무래도
　　　체력(재력)이 중요하지 않을까요?

태민: 체력요? (아, 당장 운동부터 시작해야겠네….)

◯ 알아봅시다.

	영어	중국어	일본어
재력	financial power	財力	財力
체력	physical strength	体力	体力

◯ 연습해 봅시다.

1.

자연	작년
Ⓔ nature　Ⓒ 自然　Ⓙ 自然	Ⓔ last year　Ⓒ 去年　Ⓙ 昨年

2.

자식	자신
Ⓔ children　Ⓒ 子女 Ⓙ 子供(息子, 娘)	Ⓔ oneself　Ⓒ 自己　Ⓙ 自身

◯ 확인해 봅시다.

재력과 체력 발음할 수 있어요?

☐ 네　　　☐ 아니요

85 저금·조금

● **따라해 봅시다.**

● **들어 봅시다.**

직원: 어서 오세요. 뭘 도와드릴까요?

왕홍: 제가 조금(저금)하고 싶어서요.

직원: 네? 조금요?

왕홍: 네. 제가 조금(저금)통장 만들 거예요.

⭕ 알아봅시다.

	영어	중국어	일본어
저금	savings	儲蓄	貯金
조금	a bit	一点	ちょっと

⭕ 연습해 봅시다.

bareum 283.mp3

1.

잠그다	잠기다
🇪 to lock　🀄 锁 🇯 （鍵を）かける	🇪 sink　🀄 被锁　🇯 閉まる

2.

전날	전달
🇪 day before　🀄 前一天 🇯 前日	🇪 transmission　🀄 转达 🇯 伝達

⭕ 확인해 봅시다.

저금과 **조금** 발음할 수 있어요?

☐ 네　　　　☐ 아니요

86 전국 · 천국

○ 따라해 봅시다.

○ 들어 봅시다.

지수: 진용 선배, 이번 방학에 무슨 계획이
있어요?

진용: 태민이가 천국(전국) 일주를 한다고 해서.
나도 같이 가려고.

지수: 네? 천국 일주요? 아무리 친하다고
천국에 같이 가요?

○ 알아봅시다.

	영어	중국어	일본어
전국	nationwide	全国	全国
천국	heaven	天国	天国

○ 연습해 봅시다.

bareum 286.mp3

1.

정리	처리
Ⓔ arrangement, organization Ⓒ 整理　Ⓙ 整理	Ⓔ handling (to deal with..) Ⓒ 处理　Ⓙ 処理

2.

주제	출제
Ⓔ subject, topic　Ⓒ 主題 Ⓙ 主題	Ⓔ exam questions　Ⓒ 出題 Ⓙ 出題

○ 확인해 봅시디.

전국과 천국 발음할 수 있어요?

☐ 네　　　　☐ 아니요

전문 · 정문

○ **따라해 봅시다.**

○ **들어 봅시다.**

지수: 이번 팀플에서는 동영상을 잘 찍어야 하는데 누가 하면 좋을까?

왕홍: 동영상이라면 켄지 어때? 어? 마침 저기 간다. 켄지! 우리 팀플 동영상 네가 맡는 게 어때? 정문(전문)가잖아?

켄지: 응? 정문? 난 지금 도서관 가는데.

⭕ 알아봅시다.

	영어	중국어	일본어
전문	professional	专门	専門
정문	front gate	正门	正門

⭕ 연습해 봅시다.

bareum 289.mp3

1.

정장	정전
🅔 formal dress　🀄 正装　🇯 正装	🅔 blackout　🀄 停电　🇯 停電

2.

전부	정부
🅔 all, whole, entire　🀄 全部　🇯 全部	🅔 government　🀄 政府　🇯 政府

⭕ 확인해 봅시다.

전문과 정문 발음할 수 있어요?

☐ 네　　　☐ 아니요

따라해 봅시다.

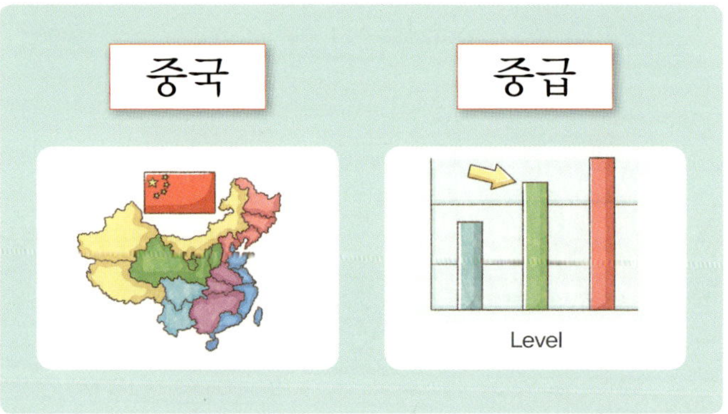

들어 봅시다.

접수원: 접수하시겠어요? 어느 반을 원하세요?

왕 홍: 중국(중급)요.

접수원: 네? 국적 말고요. 어느 레벨을 원하시냐고요?

왕 홍: 네. 그러니까 중국(중급)반요.

○ 알아봅시다.

	영어	중국어	일본어
중국	China	中国	中国
중급	intermediate	中级	中級

○ 연습해 봅시다.

bareum 292.mp3

1.

조르다	졸리다
E to pester, nag　中 纠缠 日 せがむ	E sleepy　中 困　日 眠い

2.

죄송(하다)	취소
E sorry　中 抱歉　日 申し訳ない	E cancel　中 取消 日 取り消し

○ 확인해 봅시다.

중국과 중급 발음할 수 있어요?

□ 네　　　　□ 아니요

진하다 · 친하다

○ 따라해 봅시다.

○ 들어 봅시다.

지수: 켄지, 이 커피 좀 마셔 봐. 맛이 어때?

켄지: 음, 커피가 너무 친한(진한) 것 같아.

지수: 응? 커피랑 친하다고?

켄지: 응. 너무 친해서(진해서) 못 먹겠어.

○ 알아봅시다.

	영어	중국어	일본어
진하다	strong	浓	濃い
친하다	friendly	亲密	親しい

○ 연습해 봅시다.

bareum 295.mp3

1.

지각	지갑
Ⓔlate　ⓒ迟到　Ⓙ遅刻	Ⓔwallet　ⓒ钱包　Ⓙ財布

2.

최소	취소
Ⓔminimum　ⓒ最小　Ⓙ最小	Ⓔcancel　ⓒ取消　Ⓙ取り消し

○ 확인해 봅시다.

진하다와 친하다 발음할 수 있어요?

☐ 네　　　☐ 아니요

90 집게 · 찌개

○ 따라해 봅시다.

bareum 296.mp3

○ 들어 봅시다.

bareum 297.mp3

켄지: 여기요. 찌개(집게)는 어디에 있어요?

점원: 네? 찌개요? 여긴 식당이 아닌데요.

켄지: 아! 그게 아니고요. 찌개(집게) 있잖아요.
　　　뭐 잡을 때 쓰는 거요.

점원: 아! 집게요. 이쪽으로 오세요.

○ 알아봅시다.

	영어	중국어	일본어
집게	tongs	夹子	トング
찌개	stew	炖汤	チゲ

○ 연습해 봅시다.

bareum 298.mp3

1. **제천** / **채점**

Ⓔ Jecheon　Ⓒ 堤川(地名)　　Ⓔ marking　Ⓒ 批分　Ⓙ 採点
Ⓙ 堤川(地名)

2. **정정** / **청정**

Ⓔ correction　Ⓒ 更正　Ⓙ 訂正　　Ⓔ clean　Ⓒ 洁净　Ⓙ 清净

○ 확인해 봅시디.

집게와 **찌개** 발음할 수 있어요?

☐ 네　　　　☐ 아니요

짜다 · 차다

○ 따라해 봅시다.

 bareum 299.mp3

○ 들어 봅시다.

 bareum 300.mp3

태민: 이 국 좀 그릇에 덜어 줘.

켄지: 알았어. 맛있나 한번 먹어 볼까? 앗, 차(짜)!

태민: 응? 차다고? 좀 더 데워야 하나?

⭕ 알아봅시다.

	영어	중국어	일본어
짜다	salty	咸	塩辛い
차다	cold	凉	冷たい

⭕ 연습해 봅시다.

bareum 301.mp3

1.
참고	**창고**
Ⓔ reference　Ⓒ 参考　Ⓙ 参考	Ⓔ storage　Ⓒ 仓库　Ⓙ 倉庫

2.
제공	**최고**
Ⓔ provide　Ⓒ 提供　Ⓙ 提供	Ⓔ the best　Ⓒ 最好　Ⓙ 最高

⭕ 확인해 봅시다.

짜다와 **차다** 발음할 수 있어요?

☐ 네　　　　☐ 아니요

92 처장·총장

○ 따라해 봅시다.

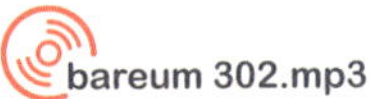

○ 들어 봅시다.

과장: 나 없는 사이에 연락 온 거 있어요?

진용: 네. 총장(처장)님께서 과장님 들어오면 총장(처장)실로 오라고 하셨어요.

과장: 총장님께서? 알았어요.

(잠시 후, 총장실)

과장: 김준수 과장입니다. 총장님께서 오라고 하셨다고 해서 왔습니다.

비서: 네? 총장님께서는 지금 해외 출장 중이신데요.

🔵 알아봅시다.

	영어	중국어	일본어
처장	dean	处长	処長
총장	University President	校长	総長

🔵 연습해 봅시다.

bareum 304.mp3

1.

조카	초과
🇪 niece/nephew 🀄 侄子 🇯 甥, 姪	🇪 excess 🀄 超过 🇯 超過

2.

천	촌
🇪 thousand 🀄 千 🇯 千	🇪 countryside 🀄 村 🇯 村

🔵 확인해 봅시다.

처장과 **총장** 발음할 수 있어요?

☐ 네   ☐ 아니요

93 척척 · 촉촉

따라해 봅시다. 

들어 봅시다. 

태민: 이번 팀플은 성공적으로 잘 끝낸 것 같아.

켄지: 모두 열심히 했지만 그중에서도 네 역할이
크었어. 뭐든지 촉촉(척척)했으니까.

태민: 뭐? 촉촉하다고? 내가? 푸하하.

○ 알아봅시다.

	영어	중국어	일본어
척척	easily	得心応手	てきぱき
촉촉(하다)	moist	湿润	しっとりしている

○ 연습해 봅시다.

bareum 307.mp3

1.

추석	출석
E thanksgiving (Chuseok) 中 中秋　日 秋夕(陰暦の8月15日)	E attendance　中 出席 日 出席

2.

청중	청춘
E audience　中 听众　日 聴衆	E youth　中 青春　日 青春

○ 확인해 봅시다.

척척과 촉촉 발음할 수 있어요?

☐ 네　　　　☐ 아니요

연습문제

1. 다음을 듣고 알맞은 그림을 고르십시오. 

   1)  

   2)  

2. 다음을 듣고 알맞은 것을 고르십시오. 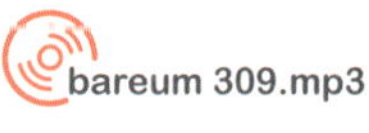

   1) 장난 / 장남

   2) 처장님께 전화가 왔습니다. / 총장님께 전화가 왔습니다.

3. 다음을 듣고 따라 하십시오. 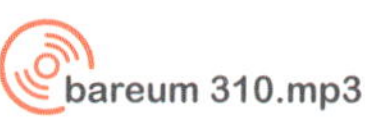

   1) 자매 / 참외

   2) 문제를 정리합시다. / 문제를 처리합시다.

4. 다음을 듣고 쓰십시오. 

   1) ______________________

   2) ______________________

   3) ______________________

   4) ______________________

9장

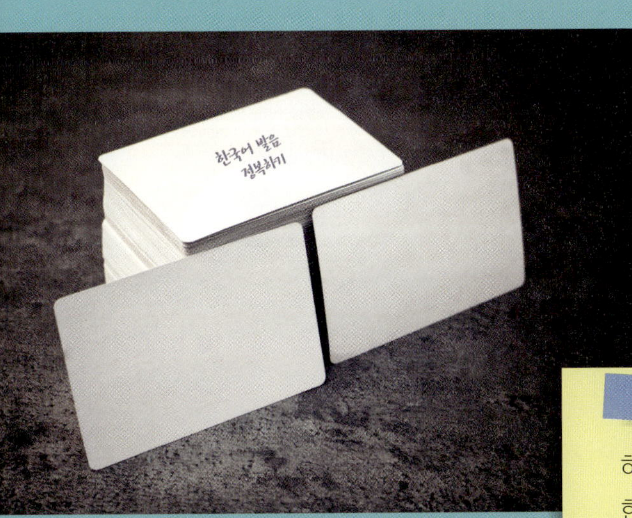

ㅎ

하트 • 화투

한자 • 환자

함께 • 합계

헤어지다 • 헤엄치다

호두 • 효도

혼자 • 홍차

황당 • 횡단

○ **따라해 봅시다.**

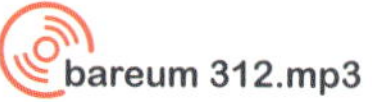
bareum 312.mp3

○ **들어 봅시다.**

bareum 313.mp3

왕홍: 나 어제 하트(화투) 배웠어.

지수: 응? 하트를 배워? 그리는 법을 배운 거야?

왕홍: 아니. 하트(화투) 치는 법을 배웠다고.

⭕ 알아봅시다.

	영어	중국어	일본어
하트	heart	心形	ハート
화투	go stop	花图	花札

⭕ 연습해 봅시다.

1.

한약	한옥
ⓔ oriental medicine　ⓒ 中药 ⓙ 漢方薬	ⓔ Korean style house ⓒ 韩国传统木屋 ⓙ 韓国古来の家屋

2.

한문	항문
ⓔ Chinese characters　ⓒ 汉文 ⓙ 漢文	ⓔ anus　ⓒ 肛门　ⓙ 肛門

⭕ 확인해 봅시다.

하트와 화투 발음할 수 있어요?

☐ 네　　　　☐ 아니요

○ 따라해 봅시다.

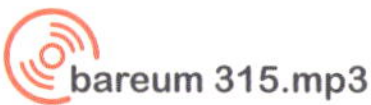

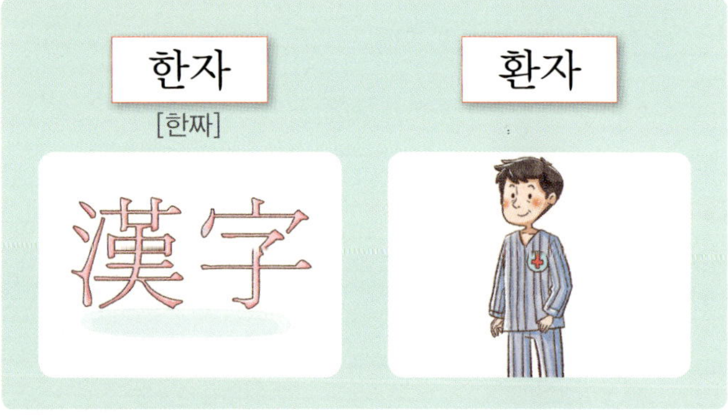

○ 들어 봅시다.

태민: 케빈, 뭐 하고 있어요?

케빈: 환자(한자)에 대해서 공부하고 있어요.

태민: 환자는 왜요? 의학에 관심이 있어요?

케빈: 네? 환자(한자) 공부하면 한국어 공부에
도움이 된다고 태민 씨가 그랬잖아요.

🔴 알아봅시다.

	영어	중국어	일본어
한자	Chinese characters	汉字	漢字
환자	patient	患者	患者

🔴 연습해 봅시다.

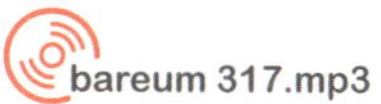
bareum 317.mp3

1.

하숙	학습
Ⓔ boarding house　Ⓒ 寄宿 Ⓙ 下宿	Ⓔ study, learn　Ⓒ 学习 Ⓙ 学習

2.

한정	환전
Ⓔ limit　Ⓒ 限定　Ⓙ 限定	Ⓔ currency exchange　Ⓒ 换钱 Ⓙ 両替

🔴 확인해 봅시다.

한자와 환자 발음할 수 있어요?

☐ 네　　　　☐ 아니요

96

함께·합계

○ 따라해 봅시다.

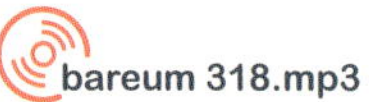
bareum 318.mp3

○ 들어 봅시다.

bareum 319.mp3

켄지: 여기요, 얼마예요?

태민: 켄지, 잠깐만! 이것도 같이 계산해 줘.
이따가 돈 줄게.

켄지: 이것도 함께 계산해 주세요.
합계가 얼마죠?

○ 알아봅시다.

	영어	중국어	일본어
함께	together	一起	一緒に
합계	sum, total	合计	合計

○ 연습해 봅시다.

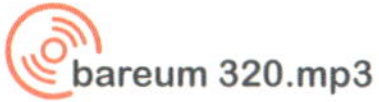
bareum 320.mp3

1. **한류** / **합류**

   ⓔ Korean wave (Hallyu)   ⓒ 韩流   ⓔ join, meet   ⓒ 加入   ⓙ 合流
   ⓙ 韓流

2. **한복** / **항복**

   ⓔ Traditional Korean dress (Hanbok)   ⓔ surrender   ⓒ 投降   ⓙ 降伏
   ⓒ 韩服   ⓙ 韓国の伝統服

○ 확인해 봅시다.

함께와 **합계** 발음할 수 있어요?

☐ 네   ☐ 아니요

헤어지다 · 헤엄치다

○ 따라해 봅시다.

○ 들어 봅시다.

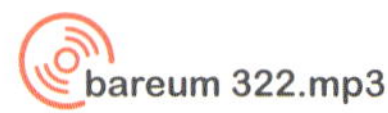

미카: 어제 태민 씨랑 헤어졌어요(헤엄쳤어요).

지수: 저런! 지금 괜찮아요?

미카: 네. 날씨도 좋고 정말 재미있었어요.

지수: 태민이랑 헤어졌는데 재미있었다고요?

○ 알아봅시다.

	영어	중국어	일본어
헤어지다	break up	分开	別れる
헤엄치다	swim	游泳	泳ぐ

○ 연습해 봅시다.

1.

흐리다	흘리다
Ⓔ cloudy　㊥ 浑浊　㊐ 曇る	Ⓔ spill　㊥ 流　㊐ 流す

2.

회색	흰색
Ⓔ grey　㊥ 灰色　㊐ 灰色	Ⓔ white　㊥ 白色　㊐ 白色

○ 확인해 봅시다.

헤어지다와 **헤엄치다** 발음할 수 있어요?

☐ 네　　　　☐ 아니요

○ **따라해 봅시다.**

○ **들어 봅시다.**

미카: 태민 씨, 뭐 해요?

태민: 호두과자를 사고 있어요. 할아버지께서
좋아하셔서요.

미카: 태민 씨는 평소에도 효도 많이 하는군요.

태민: 뭘요. 겨우 호두과자 사 드리는 건데요.

○ 알아봅시다.

	영어	중국어	일본어
호두	walnut	核桃	クルミ(胡桃)
효도	filial duty (be good to one's parents)	孝道	孝行

○ 연습해 봅시다.

1.

화산	화상
E volcano　中 火山　日 火山	E burn　中 烧伤　日 火傷

2.

현대	홍대
E modern　中 现代　日 現代	E Hong'ik university 中 弘大　日 弘大

○ 확인해 봅시다.

호두와 효도 발음할 수 있어요?

☐ 네　　　　　☐ 아니요

99 혼자·홍차

들어 봅시다.

(전화 통화)

지수: 미카 씨, 지금 뭐 해요?

미카: 근처에 찻집이 생겨서 혼자(홍차) 마시러 나가는
길이에요.

지수: 왜 혼자 가요? 저도 같이 갈까요?

미카: 아, 괜찮아요. 리포트도 쓸 겸 혼자(홍차) 마시려고요.

지수: 그래요? 그럼 내일 수업 때 봐요. (나를 싫어하나?)

○ 알아봅시다.

	영어	중국어	일본어
혼자	alone	独自	ひとり
홍차	tea	红茶	紅茶

○ 연습해 봅시다.

bareum 329.mp3

1. **포도** / **효도**

   Ⓔ grape　Ⓒ 葡萄　Ⓙ ブドウ　　Ⓔ filial duty (be good to one's parents)　Ⓒ 孝道　Ⓙ 孝行

2. **현재** / **형제**

   Ⓔ the present　Ⓒ 現在　Ⓙ 現在　　Ⓔ siblings　Ⓒ 兄弟　Ⓙ 兄弟

○ 확인해 봅시다.

혼자와 **홍차** 발음할 수 있어요?

☐ 네　　　　☐ 아니요

100 황당 · 횡단

○ 따라해 봅시다.

○ 들어 봅시다.

진용: 아까 횡단보도를 건너는데 너무 황당했어.

미카: 왜요? 무슨 일 있었어요?

진용: 녹색 불이라 길을 건너려는데 갑자기
오토바이가 지나가는 거야. 다음부터는
녹색 불이어도 주위를 잘 살피고 건너야겠어.

⭕ 알아봅시다.

	영어	중국어	일본어
황당(하다)	shocked	荒唐，慌张	慌てる
횡단	pedestrian crossing	横穿	横断

⭕ 연습해 봅시다.

1. | 해피 | 햇빛 |

🄔 happy　🄒 高兴　🄙 ハッピー　　🄔 sunlight　🄒 阳光　🄙 日の光

2. | 휴지 | 휴직 |

🄔 tissue　🄒 纸巾　　🄔 leave of absence　🄒 休假
🄙 ちり紙, ティッシュ　　🄙 休職

⭕ 확인해 봅시나.

황당과 **횡단** 발음할 수 있어요?

☐ 네　　　　☐ 아니요

연습문제

1. 다음을 듣고 알맞은 그림을 고르십시오.

   1)  

   2)  

2. 다음을 듣고 알맞은 것을 고르십시오.

   1) 한정 / 환전

   2) 혼자 마시고 싶어요. / 홍차 마시고 싶어요.

3. 다음을 듣고 따라 하십시오.

   1) 한류 / 합류

   2) 횡단보도에서 황당한 사고를 당했어요.
      흰색과 회색 중에 어떤 것이 좋아요?

4. 다음을 듣고 쓰십시오.

   1) _______________

   2) _______________

   3) _______________

   4) _______________

들어 봅시다(번역)
연습 문제 정답

1

Ⓔ Taemin: I want to join a club. Which club is good?
Kenji:　How about hip hop? It's (fertile) sign up time now.
Taemin: What? Fertile time?

Ⓒ 泰民:　我想进社团，你知道哪个社团好吗？
建治:　嘻哈音乐社团怎么样？现在正是怀孕（招募）期。
泰民:　什么？怀孕期？

Ⓙ 泰民:　サークルに入りたいんだけど、何のサークルがいいかな？
建治:　ヒップホップサークルはどう？　今、排卵(加入)期間らしいよ。
泰民:　何？排卵期間？

2

Ⓔ Taemin: Shall we go to the convenience store and buy something to take?
Kenji:　Ok. Let's buy our own (snacks).
Taemin: Huh? Ok.
　　　　(Typical, Japanese people are used to splitting the bill.)

Ⓒ 泰民:　要不要在便利店买点东西回去？
建治:　好啊，我们各自（饼干）买吧。
泰民:　哦？好吧……（看来日本人习惯自己买自己的）

Ⓙ 泰民:　コンビニで何か買って行こうか？
建治:　そうだね、各自で(お菓子)買おうか。
泰民:　え？　そうだね…。(やっぱり日本人は割り勘の方がいいんだな。)

3

Ⓔ Taemin: Here's the coffee. Mika, yours is the latte?
Mika:　Yes. Thank you.
Taemin: My pleasure. I heard you have a part time job. What do you do?
Mika:　I am thankful (a teacher).
Taemin: It's really okay. There's no need to thank me twice.

Ⓒ 泰民:　咖啡来了，美香你是要拿铁咖啡吧？
美香:　是的，谢谢。
泰民:　没关系，听说你最近打工，做什么工作啊？
美香:　我很感谢（是讲师）。
泰民:　这点小事不用谢两次的。

Ⓙ 泰民:　コーヒー持ってきました。美香さんはラテですよね？
美香:　はい、ありがとうございます。
泰民:　どういたしまして。美香さんはバイトしているんですって？　何のお仕事ですか？
美香:　私は、感謝(講師)をしています。
泰民:　もう、これくらいのことで二回もお礼を言わなくても…。

4

🇪 Jisu:　Ah. It's so cold today.
Mika:　Yeah it sure is but I like mirrors (winter).
Jisu:　A mirror? Shall I lend you one? Here you go.

🀄 智秀: 好冷啊，今天真的很冷。
美香: 是啊，但是我喜欢镜子（冬天）。
智秀: 镜子？给你镜子。

🇯 智秀: あ～、寒い。今日はとても寒いですね。
美香: そうですね。でも、私は鏡（冬）が好きです。
智秀: 鏡ですか？ 貸しましょうか？ ここにありますよ。

5

🇪 Mika:　Where'd you leave your car? I can't see it.
Taemin: I didn't bring it today.
Mika:　Why?
Taemin: It broke down so I took it to the mechanics but they said it has to go to the factory. It will take a few days to repair.

🀄 美香: 泰民，怎么看不见你的车呢？停哪里了？
泰民: 我今天没开车。
美香: 为什么？
泰民: 因为昨天车故障去检修，说要拿到厂家去修，说需要好几天。

🇯 美香: 泰民さん、車が見当たらないですね。どこかに止めてきたんですか？
泰民: 今日は乗ってきませんでした。
美香: どうしてですか？
泰民: 昨日故障したのでカーセンターに行ったら、修理工場に出さなければいけないらしいんですよ。何日もかかるみたいです。

6

🇪 Taemin:　Jinyoung, where are you going?
Jinyoung:　My friend came so I am going to my hometown (the airport).
Taemin:　Your hometown? Why?
Jinyoung:　Huh? Because my friend came.

🀄 泰民: 前辈，上哪儿去啊？
陈勇: 有朋友过来，正在去故乡（机场）呢。
泰民: 故乡？怎么这么突然？
陈勇: 啊？因为朋友来了嘛。

🇯 泰民: 先輩、どこに行きますか？
陳勇: 友達が来たので故郷（空港）に行くよ。
泰民: 故郷ですか？ 突然どうしてですか？
陳勇: え？ 友達が来たからだよ。

7

Ⓔ Jisu: It's my niece/nephew's birthday. What's a good present for him/her?
Wanghong: A girl? Boy?
Jisu: A boy.
Wanghong: He would like a bear (ball), wouldn't he?
Jisu: A bear? You mean a teddy bear? But he is a boy.

Ⓒ 智秀: 我侄子过生日，你说送什么礼物好呢？
王红: 女孩还是男孩？
智秀: 男孩。
王红: 送他一只熊（球）他应该会喜欢吧？
智秀: 熊？你说的是玩具熊吗？男孩喜欢这个？

Ⓙ 智秀: 兄弟の子供の誕生日なんだけど、何をプレゼントしたらいいかな？
王紅: 女の子？ 男の子？
智秀: 男の子。
王紅: でしたら、熊（ボール）を買ってあげたら喜びそうじゃない？
智秀: 熊？ 熊の人形って言っているの？ 男の子なのに？

8

Ⓔ Taemin: Mika, where are you going?
Mika: I'm going to see my religious leader (professor).
Taemin: Religious leader? Are you religious?

Ⓒ 泰民: 美香，你去哪儿啊？
美香: 泰民，我去见教主（教授）。
泰民: 教主？美香你信什么宗教啊？

Ⓙ 泰民: 美香さん、どこに行きますか？
美香: あ、泰民さん。教祖（教授）に会いに行くところです。
泰民: 教祖？ 美香さん、何の宗教を信じているのですか？

9

Ⓔ Kenji: Shall we buy something on the way at the supermarket?
Taemin: How about mandarins? In winter reading comic books while peeling and eating mandarins is the best!
Kenji: Huh? Peeling and eating oysters? Don't you cook them?

Ⓒ 建治: 去超市买些东西回去怎么样？
泰民: 买些橘子？冬天一边看漫画一边吃橘子很爽的。
建治: 哦？生吃牡蛎？不烤着吃？

Ⓙ 建治: スーパーに行って、何かちょっと買ってから帰ろうか。
泰民: ミカン、どう？ 冬には漫画本を読みながらミカンを剥いて食べるのが、最高じゃん！
建治: え？ 牡蠣を剥いて食べるって？ 焼いて食べるんじゃなくて？

10

🇪 Employee: Would you like to order?
Wanghong: A vanilla latte, please. Please give me lots of pictures (cream).
(After awhile)
Wanghong: Huh? Where are the pictures? (Where is the cream?)
Employee: What they are here. Pictures of cats on your coffee.

🀄 店员: 您要点什么?
王红: 要香草拿铁，要很多画（奶油）。
（稍后）
王红: 哦? 我要的画（奶油）呢?
店员: 在这里啊，猫咪图画。

🇯 店員: ご注文はお決まりでしょうか?
王紅: バニララテください。絵(クリーム)もたくさん入れてください。
(しばらくして)
王紅: あれ? 絵(クリーム)はどこに入っていますか?
店員: え? ここに入っていますよ。コーヒーの上に猫の絵が。

11

🇪 Wanghong: When I was on my way home before I saw there is a new Grilled Saury (skewers) restaurant.
Jisu: Grilled Saury?
Wanghong: Yeah. Chicken Saury(skewers). Let's go there.

🀄 王红: 刚刚在回家的路上看见有家新开的秋刀鱼（串）料理店。
智秀: 烤秋刀鱼?
王红: 是啊，我们去吃鸡肉秋刀鱼（串）吧。

🇯 王紅: さっき帰り道に見かけたんだけど、焼きサンマ(焼き鳥)の店ができたみたい。
智秀: 焼きサンマ?
王紅: うん。鳥サンマ(焼き鳥)、私たちも食べに行こう!

12

🇪 (Phone call Conversation)
Kenji: Is the preparation for the birthday party coming along well? Do you want me to buy something?
Wanghong: Yeah. Buy a cake on the way. You must bring it (flowers).
(Soon after)
Wanghong: Oh. Why'd you buy these?
Kenji: You told me to buy flowers.

(通话中)

建治: 生日派对准备的怎么样了? 我要不要买些东西过去?

王红: 买个蛋糕, 要买花(一定)。

(稍后)

王红: 哦? 怎么买花了?

建治: 你不是叫我买花吗?

(通話中)

建治: 誕生日パーティーの準備進んでる? 僕、何か買って行こうか?

王紅: うん、来る途中でケーキ買ってきて。花(必ず)買ってきてね。

(しばらくして)

王紅: あれ? 何でこれ買ってきたの?

建治: 花買ってこいって言ったじゃん。

13

(On the way to a café)

Jisu:　　　　Your nose is bleeding.

Jinyoung:　Oh. I have been working hard lately…Do you have a tissue?

Jisu:　　　　Yeah. Here you are. Shall we go back to the lecture room?

Jinyoung:　It's ok. Let's go drink nose bleed (coffee).

Jisu:　　　　….

（去咖啡厅的路上）

智秀: 陈勇前辈, 你流鼻血了。

陈勇: 哦? 最近可能太累了, 有纸巾吗?

智秀: 给你, 要不要回教室?

陈勇: 没事, 我们去喝鼻血（咖啡）吧。

智秀: ……

(コーヒーショップに行く途中で)

智秀: あ! 先輩、鼻血でてますよ!

陳勇: え? 最近ちょっと無理したからかな…。ティッシュある?

智秀: はい、どうぞ。講義室に戻りましょうか?

陳勇: 大丈夫だよ。私たち鼻血(コーヒー)でも飲みに行こう。

智秀: …。

14

🄴 Taemin: Mika, I heard you hurt your leg yesterday.
Mika:　Yeah. I was carrying luggage and fell over so I went flying down the stairs.
Taemin: Ouch! That must have hurt.

🀄 泰民: 美香，听说你昨天伤到腿了？
美香: 是啊，搬东西的时候，不小心在楼梯上摔倒了。
泰民: 天啊，肯定很痛吧。

🄹 泰民: 美香さん、昨日足を怪我したんだそうですね？
美香: うん、荷物を運んでいたら転んでしまって、階段から落ちたんです。
泰民: いやあ、相当痛かったでしょうに。

15

🄴 Jinyoung:　Do you want to go fishing tomorrow?
Taemin:　Fishing? It's going to rain tomorrow.
Jinyoung:　Nah. I checked the weather forecast and it said tomorrow is neither hot nor cold. It's perfect weather for fishing.

🀄 陈勇: 明天我们去钓鱼怎么样？
泰民: 钓鱼？　据说明天有雨。
陈勇: 没有，听天气预报说明天不冷不热，正好是去钓鱼的好天气。

🄹 陳勇: 僕ら、明日釣りに行かない？
泰民: 釣りですか？　明日、雨降るって言ってましたよ。
陳勇: いやいや。天気予報を見たら、明日は寒くも暑くもないってさ。釣りをするにはちょうどいい天気だよ。

16

🄴 Jingyoung:　My phone bill cost me so much. Where can I see the contents (breakdown) of my phone calls?
Taemin:　If you didn't record your phone calls you are unable to hear it again.
Jinyoung:　You mean I can't see who and when I called and how long I talked for?

🀄 陈勇: 这个月手机话费太多了。我在哪里能确认通话内容（清单）？
泰民. 你要是没录通话内容的话是不能确认的。
陈勇: 不能确认和谁，何时，打了多少电话的通话内容（清单）？

🄹 陳勇: 携帯の料金がすごく高かったんだ。通話内容（内訳）はどこで見れるの？
泰民: 通話内容は録音していなければ、もう一度聞くことはできませんよ。
陳勇: いつ、誰と、どれだけ通話したか、通話内容（内訳）は見れないだって？

17

🇪 Mika: Jisu, what are you doing now?
Jisu: I'm hanging out my washing.
Mika: Wanghong invited us to norebang. Let's go hang out together.
Jisu: Ok. I'll hang out my washing and leave.

🇨🇳 美香: 智秀，在忙什么呢?
智秀: 我在晾衣服呢。
美香: 王红说要一起上练歌房玩，我们一起去吧。
智秀: 好的，我晾完衣服就去。

🇯🇵 美香: 智秀さん。今、何をしていますか?
智秀: 洗濯物を干しています。
美香: 王紅さんがカラオケに行こうと言っているんですが、一緒に行きましょう。
智秀: はい、洗濯物干してから行きますね。

18

🇪 Jisu: Have you seen my hat?
Wanghong: Yeah, Your hat. I put it on the wardrobe before.
Jisu: Did you say you put it on top or put it in the wardrobe?
Wanghong: I said I put it in the wardrobe.

🇨🇳 智秀: 你看见我帽子了吗?
王红: 哦? 帽子? 我刚才放在衣柜上（放进）了
智秀: 是放在衣柜上还是放进衣柜里?
王红: 放在衣柜里了(放进衣柜)。

🇯🇵 智秀: もしかして私の帽子見なかった?
王紅: え? 帽子? 私がさっきタンスに置いたよ(入れたよ)。
智秀: タンスの上に置いたの? それとも中に入れたの?
王紅: タンスの中に置いたってば(入れたってば)。

19

🇪 Wanghong: When it snows I like walking on snowy roads.
Taemin: Why do you like walking on snowy roads?
Wanghong: It feels really good when walking on a snowy road.

🇨🇳 王红: 我很喜欢下雪天走雪道。
泰民: 为什么喜欢走雪道呢?
王红: 下雪天走在路上的感觉可好了。

🇯🇵 王紅: 私、雪が降る日に雪道を歩くのが好き。
泰民: なんで雪道歩くのが好きなの?
王紅: 雪道を歩いてる時のあの感覚が好きなの。

20

Ⓔ Wanghong: Mika, have some mandarin. I bought them from my hometown.

Mika: Wow! It's so sweet and delicious.

Wanghong: It sure is. A long time ago they offered these to the kings so they are delicious.

Mika: Oh so that's why they are different to the ones sold at the supermarket.

中 王红: 美香小姐，你尝尝这个橘子吧。这是我从老家带回来的。

美香: 哇，好甜好好吃啊。

王红: 是吧？这是以前给皇帝做供品的橘子。

美香: 原来如此啊，和市场上卖的味道就是不一样。

日 王紅: 美香さん、このミカンちょっと食べてみてください。私が故郷から持ってきたものです。

美香: わあ、とても甘くて美味しいです。

王紅: そうでしょう？ 昔、王様に献上していた物なので、美味しいですよ。

美香: だからか、市場で売っているのとは違うんですね。

21

Ⓔ Mika: Taemin, can you help me with this please?

Taemin: What's this?

Mika: Today I'm going to make deluxe rice so I bought Chinese dates and pine nuts.

Taemin: I'll help you. Shall I wash the dates?

Mika: Don't wash the dates (do it roughly).

Taemin: (so what?)

中 美香: 泰民，来帮我一下。

泰民: 这都是什么啊？

美香: 今天我想做营养米饭，所以买了些大枣和松子。

泰民: 那我来帮你吧，先从大枣开始洗就行吗？

美香: 是的，你洗大枣（大致）就行。

泰民: （到底是要我怎么做？）

日 美香: 泰民さん、これちょっと手伝ってください。

泰民: これ全部何ですか？

美香: 今日、栄養飯（ヨンヤンパプ）を作ろうと思って、ナツメと松の実を買ってきました。

泰民: じゃあ、私が手伝いますよ。ナツメから洗いましょうか？

美香: はい。ナツメ（ざっと）洗ったらだめですよ。

泰民: （どうすればいいの？）

22

🇪 Jisu: Where did the wooden flower pot from here go?
Mika: Our axe (rabbit) ate it all.
Jisu: The axe ate it?
Mika: Yeah. The axe ate all the leaves while I was out.

🀄 智秀: 放在这里的盆栽去哪儿了？
美香: 我们养的斧头（兔子）把它吃掉了。
智秀: 啊？斧头把盆栽吃了？
美香: 是的，斧头（兔子）趁我外出，把叶子吃光了。

🇯 智秀: ここにあった植木鉢どこにいきましたか？
美香: うちの斧(ウサギ)が食べてしまいました。
智秀: 斧が食べたですって？
美香: はい、斧(ウサギ)が私が外出している間に植木の葉っぱを食べつくしていたんですよ。

23

🇪 Jinyoung: Where are you going?
Kenji: I'm going to get a bankbook made.
Jinyoung: Did you bring your bankbook (stamp)?
Kenji: No. I'm going to make one.
Jinyoung: When you make a bankbook you need a bankbook (stamp).
Kenji: I don't know...

🀄 陈勇: 去哪？
建治: 我去办存折。
陈勇: 拿好存折（印章）了吗？
建治: 没呢，我正要去办。
陈勇: 办存折的时候需要存折（印章）。
建治: 不管了…

🇯 陳勇: どこ行くの？
建治: 通帳作りに行きます。
陳勇: 通帳(判子)持ってきた？
建治: いいえ、だから作りに行くんです。
陳勇: 通帳作る時には、通帳(判子)必要なんだけど。
建治: 分かりません…。

24

🇪 Jinyoung: Wow! Rice cakes! Can I have some?
Jisu: Yeah. Have some. Ah. Have you had some water?
Jinyoung: No. Why?
Jisu: If you don't drink water before eating rice cakes it gets caught in your throat. Rice cakes can take the form of a poison.

🀄 陈勇： 哇～ 是年糕啊！可以吃吗？
　　智秀： 可以啊，快尝尝。对了，你喝水了吗？
　　陈勇： 没呢，怎么了？
　　智秀： 吃年糕之前要先喝水，不然就会噎着了。
　　　　　 弄不好吃年糕就变成吃毒药了。

🇯 陳勇： わあ、インジョルミだ！ 食べてもいい？
　　智秀： ええ、どうぞ。あ、そうだ。水、飲みました？
　　陳勇： いや、何で？
　　智秀： お餅を食べる前に水を飲まないと、のどに引っかかりますよ。お餅を
　　　　　 食べて、毒を食べたなんてことになりますよ。

25

🇪 Kenji:　Did you know we're having a dinner after class with our
　　　　　seniors?
　Taemin:　I have a team project so I can't go. Please let them know.
　　　　　(Dinner venue)
　Senior:　Why didn't Taemin come?
　Kenji:　He had an after party so he couldn't come.

🀄 建治： 你知道今天下课后和我们专业的前辈有聚餐吧？
　　泰民： 我有学习小组活动不能参加， 你帮我转达一下。
　　（聚餐场所）
　　前辈： 泰民不来吗？
　　建治： 他说有聚会不能来。

🇯 建治： 今日、授業後に先輩達と食事会あるの知ってるだろう？
　　泰民： 僕はグループワークがあるから行けないよ。そう伝えてくれ。
　　（食事会の場所で）
　　先輩： 泰民はなんで来なかったんだ？
　　建治： 打ち上げがあるので、来れないそうです。

26

🇪 Mika:　Jisu, I'm preparing my self-introduction could you please have a
　　　　　look at it?
　Jisu:　Yeah.
　Mika:　I specialty (especially) sing well.
　Jisu:　Oh so singing's your specialty.

🀄 美香： 智秀，我正准备自我介绍，你帮我看一下。
　　智秀： 好。
　　美香： 我的特长（特别）是唱歌。
　　智秀： 原来你喜欢唱歌啊。

🔵 美香: 智秀さん。私、自己紹介を準備しているんですが、ちょっと見てくれ
　　　　ませんか？
　　智秀: はい。
　　美香: 私は、特技は(特に)歌が上手です。
　　智秀: 歌が特技なんですね。

27

🔵 Mika: Let's go ride the floor (horse) now.
　　Jisu:　Huh? Floor? Horse?
　　Mika: They say if you come to Jeju Island you have to ride the floor (a
　　　　horse).

🔵 美香: 我们现在去骑地板（马）吧。
　　智秀: 哦？地板？还是马？
　　美香: 据说来济州岛一定要去骑地板（马）。

🔵 美香: 私たちこれから床(馬)に乗りに行こう！
　　智秀: え？ 床？ 馬？
　　美香: 済州島に来たら、必ず床(馬)に乗らないとなんだって。

28

🔵 Taemin:　　How was the movie?
　　Wanghong: The main character's town (heart) was so good.
　　Taemin:　　Yep. Living in a town like that would be good.
　　Wanghong: I want to have a town (heart) like that.

🔵 泰民: 那部电影怎么样？
　　王红: 主人公的村庄（心灵）太好了。
　　泰民: 是吧，我也想住在那样的村庄。
　　王红: 我想拥有那种村庄（心灵）生活。

🔵 泰民: あの映画どうだった？
　　王紅: 主人公の村(心)がとてもよかった。
　　泰民: そうだよね。あんな村に住めたらいいね。
　　王紅: 私、あんな村(心)を持って生きていきたいな。

29

🔵 (Phone call)
　　Jinyoung:　I will assign (finish) my work and go. Wait a minute please.
　　(End phone call)
　　Jisu:　　　Senior, Are you leaving already? Will I do the rest alone?
　　Jinyoung:　Why would you do the work alone? I told you I will assign
　　　　　　　(finish) the work and leave.

Ⓒ（通话中）
陈勇: 我把事情交给别人（结束）再走，等我一会儿。
（通话结束）
智秀: 前辈，　这么快就要回去了吗? 剩下的都要我一个人做吗?
陈勇: 怎么是你一个人在做呢?　我要交给别人（结束）再走啊!

Ⓙ（通話中）
陳勇: 仕事を任せて（終えて）から行くから。もう少し、待ってて。
（通話を終えて）
智秀: 先輩、もう帰るんですか? 残ったものは私がひとりで全部するんですか?
陳勇: 何でひとりでするの? 僕も仕事を任せて（終えて）から帰るよ!

30

Ⓔ (On phone)
Kenji: I'm currently going crazy because of my brother in law (fumes).
Jisu:　What's the problem with your brother in law?
Kenji: Because I am on the side of the road so the car brother in law (fumes) are bad.

Ⓒ（打电话）
建治: 姐夫（煤烟，尾气）让我很苦恼啊。
智秀: 和姐夫有什么不愉快吗?
建治: 这儿正好是马路边，汽车姐夫（煤烟，尾气）很严重啊。

Ⓙ（電話で）
建治: 今、お義兄さん（ばい煙）のせいで大変だよ。
智秀: お義兄さんと何か問題でもあったの?
建治: ここは道端だから、車のお義兄さん（ばい煙）がすごいんだ。

31

Ⓔ Wanghong: Let's go drink every week!
Taemin:　　What? Every week's a bit hard.
Wanghong: Ya! Every week (beer) is alcohol?
Taemin:　　Huh? You said let's drink every week.

Ⓒ 王红: 我们每周（啤酒）去喝吧。
泰民: 啊? 每周喝酒会喝死人的。
王红: 喂，每周（啤酒）还算是酒吗?
泰民: 哦? 你不是说每周去喝酒吗?

Ⓙ 王紅: 私たち毎週（ビール）飲みに行かない?
泰民: 何? 毎週はつらいよ。
王紅: はあ? 毎週（ビール）がお酒なの?
泰民: え? 毎週飲みに行こうって?

32

🇪 (on campus)
Jisu:　Mika, hurry up. It looks like they're filming something there.
Mika:　Really? Who is that person there with a head (far away)?
Jisu:　Huh? The person where?
Mika:　The head there (far away). Can't you see it?

🇨 （在校园里）
智秀：美香快来啊，那边好像在拍戏啊。
美香：真的吗？那个有头（远处）的人是谁啊？
智秀：啊？你说的是谁？
美香：那边有头（远处）的，看不见吗？

🇯 (キャンパスで)
智秀：美香さん、早く来てください。あそこで何か撮影しているみたいです。
美香：本当ですか？ あそこの頭（遠くに）いる人は誰ですか？
智秀：え？ どこにいる人のことですか？
美香：あそこ頭（遠くに）いるじゃないですか。見えませんか？

33

🇪 Kenji:　Shall we go to the zoo in secret (the day after tomorrow)?
Jisu:　Huh? Just the two of us?
Kenji:　No. All of us together?
Jisu:　So why did you say let's go secretly?

🇨 建治：明天我们悄悄地（后天）去动物园，怎么样？
智秀：就我们两人？
建治：不，大家一块儿。
智秀：哦？那为什么说悄悄地去呢？

🇯 建治：明日こっそり(明後日)動物園に行こうか？
智秀：え？ 私たち二人だけ？
建治：違うよ、みんなで一緒に行くんだよ。
智秀：じゃあ、なんでこっそり行こうって言ったの？

34

🇪 Jinyoung:　There are free (dance) lectures during vacation.
Jisu:　What types of lectures?
Jinyoung:　Free (dance) lectures.
Jisu:　Yes, I know they are free. What is the lecture content?

🇨 陈勇：据说假期有免费（舞蹈）课。
智秀：什么课呢？
陈勇：免费（舞蹈）课。
智秀：我明白是免费的了，那内容呢？

ⓙ 陳勇: 学期休みに無料(舞踊)の講座があるんだって。
　　智秀: どんな講座ですか？
　　陳勇: 無料(舞踊)の講座。
　　智秀: はい、無料なのは分かりますよ。内容は？

35

ⓔ Jinyoung:　Mika, the beach picture is pretty, isn't it?
　　Mika:　　　The beach color is really pretty. It is like the real beach.
　　Jinyoung:　The background color was drawn in a special way.
　　Mika:　　　Ah really?

ⓒ 陈勇: 美香，这张大海图是不是很美啊？
　　美香: 大海的颜色好美啊，就像看到真的大海一样。
　　陈勇: 画背景的时候用了特殊方式。
　　美香: 啊，原来如此啊。

ⓙ 陳勇: 美香。この海の絵きれいだろ？
　　美香: 海の色がとてもきれいですね。本物の海みたいです。
　　陳勇: 背景の色を特別な方法で描いたんだって。
　　美香: あ、そうなんですね。

36

ⓔ Kenji:　　Taemin, can you play Baduk?
　　Taemin:　Yeah. I can play. Shall we play together?
　　Kenji:　　Ok. Let's sit on the living room floor and play.

ⓒ 建治: 泰民，会下围棋吗？
　　泰民: 会啊，要不要一起玩？
　　建治: 好，我们坐客厅地板上下围棋吧。

ⓙ 建治: 泰民、囲碁打てる？
　　泰民: うん、打てるよ。一緒にするか？
　　建治: そうだね、リビングの床に座って打とう。

37

ⓔ Tamin:　Jisu was angry. What's the problem?
　　Kenji:　I made a mistake. Please tell him that I'm in the middle of
　　　　　　broadcasting (self-reflection).
　　Taemin: Broadcasting? Where?

ⓒ 泰民: 我看智秀在气头上，怎么了？
　　建治: 我惹他生气了，你帮我转达一下我已经在广播（反省）了。
　　泰民: 广播？在哪儿？

ⓙ 泰民: 智秀が怒っているんだけど、どうしたの？
　　建治: 僕が怒らせたんだよ。今、放送(反省)中だと伝えて。
　　泰民: 放送中？ どこで？

38

Ⓔ Kenji: It looks like there's no class leader (side dishes) today.
Taemin: The class leader will come in a little while.
Kenji: Ah. Will the class leader (side dishes) come separately today?

Ⓒ 建治: 今天好像没有班长（小菜）。
泰民: 班长说他一会儿就到。
建治: 是吗? 今天班长（小菜）不跟我们一起吗?

Ⓙ 建治: 今日は、班長(おかず)があまりないな。
泰民: 班長は少し後で来るって。
建治: そう? 今日は、班長(おかず)が他にもあるってこと?

39

Ⓔ Mika: Yesterday I exercised. My foot (arm) is a bit sore. It seems to be a muscle ache.
Taemin: Did you run a lot?
Mika: Yeah. I ran too. My foot (arm) hurts so it's difficult carrying my bag.
Taemin: Carrying your bag? With your foot?

Ⓒ 美香: 昨天运动了一下脚（胳膊）好痛，好像是肌肉酸痛啊。
泰民: 昨天跑步跑多了吗?
美香: 是啊，昨天跑了好长的路。现在脚（胳膊）痛的连拿包都不方便啊。
泰民: 拿包? 用脚吗?

Ⓙ 美香: 昨日運動したんですが、足 (腕)がちょっと痛いんです。筋肉痛みたいです。
泰民: たくさん走ったんですか?
美香: はい、走ったりもしました。足 (腕)が痛くてカバンを持つのがちょっとつらいです。
泰民: カバン持つのが? 足でですか?

40

Ⓔ Jisu: Kenji, are you sick?
Kenji: My lungs (stomach) hurts a bit.
Jisu: Your lungs hurt? That's serious. Quick go to the hospital.
Kenji: No. It's ok. I'll just go to the bathroom.

Ⓒ 智秀: 建治，哪里不舒服吗?
建治: 肺（肚子）有点痛。
智秀: 肺痛? 那可是大病，快上医院检查吧。
建治: 没事，去趟卫生间就行。

Ⓙ 智秀: 建治、どこか痛いの?
建治: 肺(腹)がちょっと痛いんだよ。
智秀: 肺が痛いの? 大変だね。早く病院に行ったら。
建治: いや、大丈夫。トイレに行けばいいから。

41

🇪 Jisu:　What's wrong? Are you sick?
Mika:　I ate delivery food and then got a stomachache.
Jisu:　Is it bad? Shall I go to the hospital with you?
Mika:　I took medicine. I'll be fine.

🀄 智秀: 怎么了? 昨天吃什么了?
美香: 吃了外卖拉肚子了。
智秀: 疼得厉害吗? 要不要一起上医院看看?
美香: 吃了药, 没关系的。

🇯 智秀: どうしたんですか? どこか具合が悪いのですか?
美香: デリバリーの食べ物を食べて、下痢になりました。
智秀: ひどく痛みますか? 病院に一緒に行きましょうか?
美香: 薬を飲んだので大丈夫でしょう。

42

🇪 Employee:　Welcome. Is there something you're looking for?
Wanghong:　Yes. Do you have honey masks?
Employee:　Yes. Here they are. How many would you like?
Wanghong:　Please give me one hundred honey masks.

🀄 店员: 欢迎光临, 您要买什么产品?
王红: 我来买蜂蜜面膜。
店员: 您要几个?
王红: 要一百个蜂蜜面膜。

🇯 店員: いらっしゃいませ。 お探しのものはございますか?
王紅: はい。 はちみつパックありますか?
店員: こちらにございます。 おいくつ必要ですか?
王紅: はちみつパックを100枚ください。

43

🇪 Wanghong:　Where are the documents for the student activity petition?
Jisu:　　Not sure. Wouldn't they be stored at the student support centre?
Wanghong:　Ok. I'll have to go to storage (main building) and find it.

🀄 王红: 我们做的签名活动的文件在哪儿啊?
智秀: 不清楚, 不过应该在学生支援中心吧?
王红: 那我应该去保管 (本馆) 一楼找找。

🇯 王紅: 私たちがした学生署名活動のことなんだけど、書類はどこにあるの?
智秀: さあ。 学生支援センターに保管されているでしょ?
王紅: なら、 保管(本館)に行って探してみないとね。

44

E Jisu: If you don't know what to do then look at the example.
Wanghong: If you don't know, quit.
Jisu: Don't quit. Look at the example.

中 智秀: 没有思路的时候就看看例子。
王红: 不知道就放弃呗。
智秀: 别放弃，看看例子。

日 智秀: どうしてよいか分からない時は見本をみて。
王紅: わからなかったら、諦めなくちゃ。
智秀: 諦めないで、見本をみて。

45

E Wanghong: Have you seen the dried Pollack I bought from the supermarket before?
Jisu: I put it in the kitchen.
Wanghong: There's no dried pollack in the kitchen.

中 王红: 看见我刚从超市买来的干明太鱼了吗？
智秀: 我放在厨房了。
王红: 厨房没有干明太鱼啊。

日 王紅: さっきスーパーで買った干しスケトウダラ見なかった？
智秀: 台所に持っていっておいたけど。
王紅: 台所に干しスケトウダラがないんだけど…。

46

E Kenji: Look over there. Someone has grown horns (It looks like there's a fire).
Taemin: Someone has grown horns?
Kenji: That building. It must be because it's been so dry lately.

中 建治: 你看，那边着火（生气）了。
泰民: 生气？谁生气了吗？
建治: 你看那边的建筑，可能是最近太干燥了。

日 建治: あそこ、見て。角がでた（火事になった）みたい。
泰民: 角が出たって？ 誰が怒ったの？
建治: あそこの建物が。この頃、乾燥しているからだね。

47

E Taemin: Ah..so tired. I don't think I can do any more. We have been working on this continuously for a week.
Kenji: Even though you're fatigued we have to do this work so keep going.
Taemin: I need a Energy drink. I'll go buy one.

ⓒ 泰民: 好累啊，不能再继续了。我们已经不停地工作有一周了。
建治: 就算再累也是要做的工作，我们再加把油。
泰民: 我们需要点抗疲劳饮料，我去买。

ⓙ 泰民: ああ、疲れた。もうこれ以上できない。僕ら、一週間ずっと作業してるよ。
建治: たとえ、疲労が溜まってもしなくちゃいけないことだから、頑張れ。
泰民: 疲労回復のドリンクがいるな。買ってくる。

48

ⓔ Mika: These days I have started growing vegetables. But they aren't doing well.
Jisu: Did you fertilize them?
Mika: Fertilize (Do I need to)?
Jisu: It seems like you need fertilizer.

ⓒ 美香: 最近我开始种蔬菜了，不过好像长得很慢。
智秀: 施肥了吗?
美香: 要肥料（需要）吗?
智秀: 我觉得应该需要肥料。

ⓙ 美香: この頃、野菜を育て始めました。だけど、なかなか育たないんです。
智秀: 肥料をあげましたか?
美香: 肥料(必要)ですか?
智秀: 肥料が必要だと思いますよ。

49

ⓔ Taemin: Jinyoung senior didn't come. Where is she?
Wanghong: She went to get pizza (her visa).
Taemin: Get pizza? Did she order pizza?
Wanghong: Huh?

ⓒ 泰民: 陈勇前辈还没来? 他去哪儿了?
王红: 他去领披萨（签证）了。
泰民: 领披萨? 点披萨了吗?
王红: 啊?

ⓙ 泰民: 陳勇先輩が来てないね。どこに行ったの?
王紅: ピザ(ビザ)を受け取りに行ったよ。
泰民: ピザを受け取りに? ピザを注文したの?
王紅: ん?

50

Ⓔ Taemin: The scenery is good and the air is good. Kiss…
Mika:　Oh there is a waterfall. Cool.
Taemin: No. Not waterfall. Kiss.

Ⓒ 泰民：这里景色好空气也好，我们来亲个嘴……
美香：哦？那儿有瀑布，真美。
泰民：不对，不是瀑布，要亲嘴。

Ⓙ 泰民：ここは、景色もよくて空気もいいですね。あのう、キス…。
美香：あ、あそこの滝ですね。素敵ですね。
泰民：いや、滝じゃなくて、キス…。

51

Ⓔ Mika: I heard you went shopping at Myeongdong yesterday. Was there
something cheap (Did you buy something)?
Jisu:　There's a sale on at Myeongdong so there are a lot of cheap
things.
Mika: Yeah…So what was cheap (What did you buy)?

Ⓒ 美香：听说你昨天去明洞购物了？什么便宜（买）了？
智秀：现在明洞大减价，好多便宜的东西。
美香：是啊，所以什么 便宜（买）了？

Ⓙ 美香：昨日、ショッピングしに明洞へ行ったそうですね。何 安かった(買っ
た)んですか？
智秀：今、明洞はセールをしていて、安いものがたくさんありましたよ。
美香：だから、何 安かった(買った)んですか？

52

Ⓔ Wanghong: Mika is getting married soon. I'm so jealous.
Jisu:　　Really? You don't have a boyfriend?
Wanghong: Nope.
Jisu:　　Don't worry. Soon you will have someone to love.

Ⓒ 王红：前辈就要结婚了，真羡慕。
智秀：是吗？你没有男朋友吗？
王红：恩，没有。
智秀：别担心，很快就会有心上人的。

Ⓙ 王红：先輩がもうすぐ結婚するだって。本当にうらやましいわ。
智秀：そうなの？ あなたは、彼氏いないの？
王紅：うん、いない。
智秀：心配しないで。すぐに愛する人ができるわよ。

53

🄔 Wanghong:　Can I come to your house tomorrow?
Friend:　Ah.. My cousin is at our house so…
Wanghong:　Is your cousin visiting?
Friend:　No. My cousin had some issues so she is living with us for awhile.

🄒 王红:　明天可以去你家玩吗？
朋友:　可是，我堂姐来我家了……
王红:　堂姐来玩啦？
朋友:　没有，堂姐发生了一点情况，可能要在我们家住一阵子。

🄙 王紅:　明日、家に遊びに行ってもいい？
友達:　どうかなあ、家にいとこの姉さんが来ていて…。
王紅:　いとこの姉さんが遊びに来ているの？
友達:　いや、いとこの姉さんの都合でしばらく一緒に住むことになって…。

54

🄔 Jisu:　What shall we have for a side dish tonight?
Wanghong:　I like Spanish mackerel (Tuna).
Jisu:　Ok. I'll go buy some.
(At home)
Wanghong:　What's this?
Jisu:　Grilled Spanish mackerel. You said you liked it.

🄒 智秀:　今晚吃什么菜？
王红:　我想吃鲅鱼（金枪鱼）。
智秀:　是吗？那我买回去。
（家里）
王红:　这是什么？
智秀:　烤鲅鱼啊，你不是说喜欢吗？

🄙 智秀:　今日、夕食のおかずは何にしようか？
王紅:　私は、サワラ（マグロ）がいいな。
智秀:　そう？ 後で買ってくるね。
（家で）
王紅:　これ 何？
智秀:　焼きサワラ。好きでしょ？

55

E Mika: Where will the employment consultation meeting be next week?
Jisu: It will be near MyeongDong Cathedral.
Mika: I'll be going to the consultation meeting so I'll see you out the front of the cathedral.
Jisu: Yes. Ok.

中 美香: 下周的就业说明会在哪里举行？
智秀: 听说是在明洞圣堂附近举行。
美香: 我也会去说明会，到时候在明洞圣堂前见面吧。
智秀: 好，知道了。

日 美香: 来週、就職相談会どこでしますか？
智秀: 明洞聖堂の近くでするそうよ。
美香: 私も相談会に行くから、明洞聖堂の前で会いましょう。
智秀: はい、わかりました。

56

E Kenji: Did you know the thesis format will change as of this semester?
Taemin: Really?
Kenji: Yeah. I got an email yesterday. Check yours. The email's subject is 'Thesis Format Change News'

中 建治: 泰民，你知道这学期开始论文格式有变化吗？
泰民: 是吗？
建治: 是啊，昨天来邮件了，你确认一下。邮件名称叫"论文格式变更通知"。

日 建治: 泰民、今学期から論文の書式が変わったの知ってる？
泰民: そうなの？
建治: うん。昨日メールが来たけど？ お前も確認してみろよ。メールの件名は「論文書式変更のお知らせ」だよ。

57

E Kenji: Show me your hand. I will read your palm for you.
Taemin: Oh. Kenji Can you do palm reading?
Kenji: Yeah. I am interested in fortune so I learned.
Taemin: How's my palm? Which line is my life line? Will I live a long life?

中 建治: 给我看看你的手，我给你看手相。
泰民: 哦？建治你会看手相？
建治: 当然，我对看算命感兴趣所以就学了一点。
泰民: 怎么样？哪个是生命线？ 我能长生不老吗？

日 建治: 手 見せて。 手相 見てあげる。
泰民: え？ 建治は、手相 見れるんだっけ？
建治: うん。 運勢に興味があって勉強したんだ。
泰民: どう？ どの線が生命線だっけ？ 僕、長く生きれる？

58

🄴 Jisu: From a week ago it has been noisy because of repairs to the house above.
Mika: Was the repair sound too loud?
Jisu: Yes. And on top of that there was dog barking from next door.
Mika: Repair noise, dog noisy….must be so noisy.

🄲 智秀: 上周开始楼上修房子吵死了。
美香: 修房子声音很大吧?
智秀: 是啊，邻居家的狗叫声也很大。
美香: 修房子的声音，狗叫声⋯⋯真是够吵的。

🄹 智秀: 一週間前から、上の家の修理でうるさいんです。
美香: 修理の音がすごく大きいからですか?
智秀: はい。その上、隣の家の犬の鳴き声もすごいんです。
美香: 修理の音、犬の鳴き声…。うるさいですね。

59

🄴 Kenji: There are people who deceive others while bowing down to them.
Taemin: Even though they choose to act humble they are deceiving them.
Kenji: Really? I hate those types of people
Taemin: Me too.

🄲 建治: 有些人低着头骗人。
泰民: 你是说装谦虚骗人的那种吧?
建治: 是啊，我不喜欢那种人。
泰民: 我也是。

🄹 建治: 頭を下げながら、人を騙す人がいるだよ。
泰民: 謙虚な態度をしながら、人を騙すんだろ?
建治: そう。僕はそんな人きらいだな。
泰民: 僕も。

60

🄴 Mika: I have to withdrawal membership fees but I am a bit busy now. Wanghong, would you mind going for me?
Wanghong: Yes, but it is after bank hours so there will be fees (so it is probably best if you do it yourself.)
Mika: (By myself?) Ah! Ok. I'll just do it.

🄲 美香: 我现在急着去银行汇款，但时间不够了。王红你能不能替我去趟银行?
王红: 恩，不过还是自己（手续费）去会比较好（出来）吧。
美香: 好明白了，我自己去吧。

美香: 会費を引き出さないといけないのですが、今ちょっと忙しいんですよ。王紅さん、私の代わりにちょっとしてもらえませんか?
王紅: はい、いいですよ。でも銀行の営業時間外なので自ら(手数料)がいい(かかる)と思いますよ。
美香: (自ら?) あ、わかりました。私がそのまま行きます。

61

Ⓔ Jisu: I heard you've been going to the swimming pool since last week. Is the pool big?
Mika: Yes. The swimming pool can accommodate around 100 people.
Jisu: Wow! That's really big. Do they sell swimming supplies too?
Mika: Yes. Of course they do.

Ⓒ 智秀: 听说上周开始你去游泳馆游泳? 那里大不大?
美香: 那个游泳馆能收容100多人呢。
智秀: 真大啊, 那里也卖游泳用品吧?
美香: 那当然。

Ⓙ 智秀: 先週から、プールに通っているんですってね。プールは大きいんですか?
美香: はい、100人くらい収容できるプールですよ。
智秀: 本当に大きいですね。プール用品も売っているんですよね?
美香: もちろんですよ。当然、売っていますよ。

62

Ⓔ Mika: I've lost my cutlery (diary). Have you seen it?
Jisu: No. I haven't seen it. Do you carry cutlery with you?
Mika: Yes. It is (a) pink heart (diary). I'm in big trouble if I have lost it.
Jisu: Don't worry. Come with me to the student cafeteria and we'll look for it.

Ⓒ 美香: 我丢了勺筷 (手册), 你看见了吗?
智秀: 没看见, 你一直带着勺筷吗?
美香: 是啊, 是个粉红色心形的勺筷 (手册), 丢了就出大事了。
智秀: 别担心, 我们一起上食堂找找。

Ⓙ 美香: 私が、箸とスプーン(手帳)を失くしたんですが、見ませんでしたか?
智秀: 見ませんでしたけど。箸とスプーンを持ち歩いているんですか?
美香: はい。ピンクのハート柄の箸とスプーン(手帳)ですが、ないと困ります。
智秀: 心配しないでください。私と一緒に学生食堂に行って探してみましょう。

63

🇪 Jisu:　Mika, this air freshener is really good.
Mika:　Really? What types are there?
Jisu:　There's a forest and charcoal. The forest one smells like a real forest and the charcoal one is a bit weak but it elements odors.

🀄 智秀:　美香，听说这个芳香剂效果很好。
美香:　是吗? 有什么种类?
智秀:　有树木香和木炭香。树木香闻起来就像在森林，木炭香味不大，但吸嗅能力特别强。

🇯 智秀:　美香さん。この芳香剤 効果がいいそうですよ。
美香:　そうですか? どんな種類がありますか?
智秀:　森と炭があります。森は本当に森の香りがして、炭は香りは弱いですが、消臭してくれます。

64

🇪 (In a taxi)
Kenji:　　　Please take me to city hall (ShinChon).
Taxi driver: Yes (Departs for City Hall).
(Arrives at City Hall)
Taxi driver: We're here.
Kenji:　　　Huh? Is this city hall (Shinchon)?

🀄 （出租车里）
建治:　请到市政府（新村）。
司机:　好的。（开往市政府）
（到市政府）
司机:　先生，到了。
建治:　啊? 这里就是市政府（新村）吗?

🇯 (タクシーの中で)
建治:　　市庁(新村)に行ってください。
運転手: はい。(市庁に出発)
(市庁に到着)
運転手: 着きました。
建治:　　え? ここが市庁(新村)ですか?

65

🇪 Kenji:　Senior, why did you buy so much fruit?
Senior:　My family always eats fruit after meals.
Kenji:　Ah..

🀄 建治:　前辈，怎么买这么多水果啊?
前辈:　我家人饭后一定要吃水果。
建治:　原来如此啊。

日 建治: 先輩、果物をどうしてこんなにたくさん買うんですか？
先輩: うちの家族は、食後に果物を必ず食べるんだよ。
建治: そうなんですね。

66

E Mika: Jisu, I was watching TV yesterday and it said if you eat vinegar before a meal it is good for dieting.
Jisu: Really? So it must be eaten before meals?
Mika: Yes. Eating vinegar before a meal is effective.

中 美香: 智秀，我昨天在电视上看见饭前喝一点醋对减肥有效果。
智秀: 是吗? 一定要在饭前喝吗?
美香: 是啊，饭前喝醋才会有效果。

日 美香: 智秀さん。昨日、テレビで見たんですが。食前に酢を飲めばダイエット効果があるそうですよ。
智秀: 本当ですか? 必ず食前に飲まなければなりませんか?
羊香: はい、食前に酢を飲めば効果があるそうです。

67

E Kenji: I seem to have a problem with my kidneys (heart).
Taemin: Really? Does your stomach hurt?
Kenji: No. My chest has been since these past few days.

中 建治: 我好像肾脏（心脏）有点问题。
泰民: 是吗? 肚子疼吗?
建治: 不是，前几天开始胸痛。

日 建治: 僕、腎臓(心臓)に問題があるみたい。
泰民: そうなの? 腹がすごく痛い?
建治: いや、何日か前から胸が痛い。

68

E Mika: If you look at a newly-wed couple it looks like their eyes are heart shaped.
Jisu: Because it's the happiest time of their lives.
Mika: It's like newly-wed couples are sending and receiving love signals to one another.
Jisu: Hahaha. After three months that signal will disappear.

中 美香: 看见一对新婚夫妇，感觉他们满眼放心形。
智秀: 新婚时期是一对夫妻最幸福的时光。
美香: 感觉好像互相在传递爱情的信号。
智秀: 哈哈，那个信号过了3个月就会断讯。

Ⓙ 美香: 新婚夫婦を見ると、目がハート型に見えます。
　　智秀: 一番 幸せな時だから、そうなんでしょうよ。
　　美香: 新婚夫婦はお互いにラブサインを交し合っているみたいですね。
　　智秀: ははは。そのサインも3ケ月経てば無くなると思いますけどね。

69

Ⓔ Jinyoung:　Kim's baby (story) was on the news.
　　Jisu:　　　Does Kim have a baby?
　　Jinyoung:　Yeah. It was on the news.

Ⓒ 陈勇: 听说金前辈的孩子（事迹）上新闻了。
　　智秀: 金前辈有孩子了？
　　陈勇: 恩，听说上了新闻了。

Ⓙ 陳勇: キム先輩の子供(話)がニュースに出たんだって。
　　智秀: キム先輩に子供がいたんですか？
　　陳勇: うん、ニュースに出たんだって。

70

Ⓔ Jisu:　　　My eye's stinging. Could you have a look?
　　Wanghong:　They're red. I have pills (eye drops. Do you want to put some in?
　　Jisu:　　　Put some pills in my eyes?

Ⓒ 智秀: 眼睛好痛，帮我看一下。
　　王红: 都变红了，我这里有药丸（滴眼药），要不要？
　　智秀: 眼睛里放药丸？

Ⓙ 智秀: 目がヒリヒリするなあ、ちょっと見て。
　　王紅: 赤いよ。私 錠剤(目薬)を持っているけど入れる？
　　智秀: 目に錠剤を入れるって？

71

Ⓔ Mika:　　Is there baseball (a chemist) nearby?
　　Taemin:　Are you looking for a baseball stadium? It's a bit far from school.
　　Mika:　　My throat is sore so I'm going to baseball (the chemist).
　　Taemin:　If your throat's sore why are you going to the baseball stadium?

Ⓒ 美香: 这附近有棒球（药店）吗？
　　泰民: 你在找棒球场吗？离学校有点远。
　　美香: 嗓子痛，想去棒球（药店）。
　　泰民: 嗓子痛为什么要上棒球场啊？

Ⓙ 美香: ここの近くに野球(薬局)ありますか？
　　泰民: 野球場を探しているんですか？ 学校からちょっと遠いですよ。
　　美香: 喉が痛くて野球(薬局)に行こうと思いまして。
　　泰民: 喉が痛いのに、どうして野球場に行くんですか？

72

Kenji: Taemin, Ajuma says to bring in the medicine box (vegetables) from the veranda.
Taemin: Medicine box? Is she sick?
Kenji: Huh? No. She is making kimchi.

建治: 泰民，阿姨说叫你帮她拿一下阳台里的配药（蔬菜）箱。
泰民: 配药箱？阿姨不舒服吗？
建治: 啊？阿姨说要淹泡菜。

建治: 泰民、おばさんがベランダから薬剤(野菜)の箱を持って来てって言ってたよ。
泰民: 薬剤の箱？ おばさん 調子が悪いって？
建治: え？ 違うよ、キムチ漬けるんだって。

73

Jisu: In facial beauty, they say cucumber massage is good.
Mika: Really? That's nonsense (I don't have any cucumbers)
Jisu: nonsense? What I just said?
Mika: No. I don't have any nonsense (cucumbers) at home.

智秀: 听说皮肤美容做黄瓜片按摩好。
美香: 是吗？但是我很不可思议（没有黄瓜）。
智秀: 不可思议？我说的话吗？
美香: 不是，我家不可思议（没有黄瓜）。

智秀: 肌の美容には、キュウリマッサージがいいみたいですよ。
美香: そうなんですか？ だけど、私は呆れました(キュウリがありません)。
智秀: 呆れたですって？ 私の話にですか？
美香: いいえ。私は家に呆れました(キュウリがありません)。

74

Mika: Will you be going for an overseas trip again this vacation?
Taemin: Nope. This year my condition isn't good so I can't go.
Mika: Passport? But you can make that easily.

美香: 这个假期你还是去海外旅行吗？
泰民: 不，今年情况不允许去不了啊。
美香: 你说情况（护照）？那个不是马上就能出来吗？

美香: 今度の学期休みにも海外旅行に行くんですか？
泰民: いいえ。今年は条件が合わないので行けないと思います。
美香: 条件(パスポート)ですか？ それは、すぐに作れるじゃないですか。

75

🄴 Wanghong: This research (England) received a Nobel Prize.
Taemin:　　Research? What research?
Wanghong: I don't know but I'm sure it was a researcher (an Englishman).
Taemin:　　Of course a researcher received it.

🄲 王红: 听说这次研究（英国）出了个诺贝尔奖。
泰民: 研究？什么研究？
王红: 那个不太清楚，是个研究者（英国人）领奖的。
泰民: 肯定是个研究者领奖啊。

🄹 王红: 今回の研究(イギリス)でノーベル賞がでたんだって。
泰民: 研究？ どんな研究？
王紅: それはよく分からないけど、研究(イギリス)の人だってことは確か。
泰民: 当然、研究者が受賞しただろうよ。

76

🄴 Jisu:　 I heard they have Golden Week in May in Japan.
Kenji:　Yeah. We normally have four days off. If it coincides with a
　　　　Sunday then we rest for 5 days.
Jisu:　 Really? When does it start?
Kenji:　What day is 5 days (today)? Ah. It starts from 5 days (today).

🄲 智秀: 听说日本五月有黄金周？
建治: 是啊，一般休息4天，遇到周日就休息5天。
智秀: 是吗？什么时候开始啊？
建治: 5日（今天）是哪天啊？啊! 是5日（今天）开始。

🄹 智秀: 日本では5月にゴールデンウィークがあるんだって？
建治: うん。あるよ。大体4日間休むけど、日曜日に重なっていれば5日間
　　　ほど休みになるよ。
智秀: そうなの？ いつから始まるの？
建治: 5日(今日)は何日？ あ！ 5日(今日)から始まるよ。

77

🄴 Kenji:　Is it because I exercised a lot today? I'm sweating a lot.
Jisu:　　It's because you're eating hot udon noodles after exercising.
Kenji:　I should have ordered some cool NengMyeon (Iced noodles)
Jisu:　　Yeah. Exactly.

🄲 建治: 今天感觉运动量有点多，出了很多汗。
智秀: 运动完后，你还吃了一碗热乌冬面，当然会出汗啦。
建治: 不如来碗冷面。
智秀: 说的就是啊。

🄹 建治: 今日、運動たくさんしたからかな？ 汗がたくさん出るなあ。
智秀: 運動した後に、こんなに熱いうどんまで食べているからよ。
建治: 冷たい冷麺でも頼めばよかった。
智秀: そうだよ。

78

E Wanghong: A parcel from my friend in Japan arrived.
Taemin:　　Really? Who? The friend we met together last time?
Wanghong: Yeah. My friend sent the CD I asked for that time.
Taemin:　　That CD would have been hard to come by, she truly is a loyal friend.

中 王红: 朋友来信了。
泰民: 上次来韩国玩的日本朋友吗？
王红: 是啊，我拜托的CD也收到了。
泰民: 好讲义气哦。

日 王紅: 日本にいる友達から小包が届いたよ。
泰民: そう？ 誰？ 前に僕らと一緒に会った友達？
王紅: うん。 その時、お願いしていたCDも送ってくれたの。
泰民: それはなかなか手に入らないものなのに、本当に義理固い友達だね。

79

E Mika:　　It's this week's presentation topic. What do you think?
Taemin: Hmm. This is what Kim did last semester. If you do something already done it has no meaning.
Mika:　　Sure I'll have to find something already done (with meaning).
Taemin: No something that's already done. You have to do something new.
Mika:　　Yeah. I know.

中 美香: 这次发表主题由你负责，准备好了吗?
泰民: 这个是上学期金前辈发表过的，发表已有主题就没意义了。
美香: 是吧? 你要找找已有（有意义）的。
泰民: 不是已有的，而是有意义的。
美香: 我知道啊。

日 美香: 今度の発表のテーマなんですけど、どうですか？
泰民: う〜ん。 これ先学期にキム先輩がしたやつでは…。 すでに、あるものをしても意味がないですよ。
美香: そうですよね。 すでに(意味)あるものを探さないとですね。
泰民: すでにあるものではなくて、新しいことをしないといけないですよ。
美香: 分かっていますよ。

80

E Jisu:　　What's that person's job?
Wanghong: He's a director (doctor).
Jisu:　　Oh. What type of business?
Wanghong: He's a director (doctor) so a hospital of course.

Ⓒ 智秀: 他的职业是什么？
　 王红: 是董事长（医生）。
　 智秀: 哦？什么公司的董事长啊？
　 王红: 董事长（医生）当然是在医院啦。

Ⓙ 智秀: あの人の職業 何て言ってた？
　 王紅: 理事(医者)だったよ。
　 智秀: うん？ どこの会社の理事？
　 王紅: 理事(医者)だから当然 病院でしょう。

81

Ⓔ Director:　　　　　So there's nothing strange with the stage equipment?
　 Assistant director:　Yes. They've prepared the clothing behind the stage.

Ⓒ 导演: 舞台设备没有异常吧？
　 副导: 是的，服装在舞台后方准备好了。

Ⓙ 監督:　 舞台装置に異常はないですよね？
　 助監督: はい。衣装は舞台の後ろに用意しておきました。

82

Ⓔ Kenji:　Until next week I am collecting interest (receiving chairs) but
　　　　　she hasn't contacted me.
　 Taemin: Why? What's wrong?
　 Kenji:　Nothing much. A friend said she would give me interest (a
　　　　　chair) but she hasn't contacted me.
　 Taemin: How much did you lend her?

Ⓒ 建治: 说好下周收利息（椅子），怎么没联系了。
　 泰民: 怎么了？有什么事吗？
　 建治: 小事，朋友说给我利息（椅子），现在没联系了。
　 泰民: 你借多少钱给他啊？

Ⓙ 建治: 来週まで利子(椅子)を受け取ることになってるんだけど、連絡がない
　　　　な。
　 泰民: どうした？ 何かあった？
　 建治: 大したことじゃないんだ。友達が利子(椅子)をくれると言ったんだけ
　　　　ど、連絡がなくて。
　 泰民: いくら貸したの？

83

Ⓔ Jisu:　Kenji, do you have any siblings?
　 Kenji: Yes. I have one brother.
　 Jisu:　An older brother?
　 Kenji: No. I'm joking (the eldest son)
　 Jisu:　Joking? So you don't have any siblings?

中 智秀: 你有兄弟姐妹吗?
建治: 有啊，有个兄弟。
智秀: 哥哥吗?
建治: 不是，我是开玩笑（长男）。
智秀: 开玩笑? 那就是说没有兄弟咯?

日 智秀: あんたさ、兄弟いる?
建治: うん。男の兄弟が一人いるよ。
智秀: 兄さん?
建治: いや、僕がいたずら(長男)だよ。
智秀: いたずら? じゃあ、兄弟はいないの?

84

E Taemin: Mika, what do you think is the most important thing for a man?
In the case that you were going to marry that man.
Mika: Hmm. If two people are planning on living together wouldn't
physical strength (financial power) be most important?
Taemin: Physical strength? (ah..I'd better start exercising)

中 泰民: 美香，你觉得对一个男人来讲什么最重要?
我说的是以结婚为前提见面的男人哦。
美香: 恩…… 两个人一起生活的话应该是体力（财力）最重要吧。
泰民: 体力?（我要马上开始运动了）。

日 泰民: 美香さんは、男性には何が一番大切だと思いますか? もし、その男
性と結婚を考えるとしたらですよ。
美香: う〜ん。二人で暮らしていくからには、何と言っても体力(財力)が大切
じゃないでしょうか?
泰民: 体力ですか?(あ…。すぐに運動を始めなくちゃ…。)

85

E Employee: Welcome. How can I help you?
Wanghong: I want to do a bit (savings).
Employee: Huh? A bit?
Wanghong: Yes. I will make a bit (savings) account.

中 职员: 欢迎光临，有什么需要帮助的吗?
王红: 我要办一点（储蓄）。
职员: 啊? 一点?
王红: 是的，我要办一点（储蓄）存折。

日 職員: いらっしゃいませ。ご用件をお伺いいたします。
王紅: 私がちょっと(貯金)したいのですが。
職員: はい? ちょっとですか?
王紅: はい。私が、ちょっと(貯金)通帳を作ろうと思います。

86

🇪 Jisu:　Jinyoung, what are your plans this vacation?
Jinyoung:　Taemin's going on a heaven (nationwide) trip. I'm planning on going too.
Jisu:　Huh? A trip to heaven? You guys are close…but.. You'll go to heaven together?

🀄 智秀：陈勇前辈，这个假期有什么打算吗？
陈勇：泰民说要来个天国（全国）旅游，我打算一起去。
智秀：啊？天国旅游？关系再好也不用一起去天国吧？

🇯 智秀：陳勇先輩、今度の学期休みは何か計画がありますか？
陳勇：泰民が、天国（全国）一周をすると言っていたので、僕も一緒に行こうかと思ってて。
智秀：え？ 天国一周ですか？ いくら仲がいいからって、天国に一緒に行くんですか？

87

🇪 Jisu:　This team project we need someone who'll take good videos. Who'll be good?
Wanghong:　If it's a video. How about Kenji? Ah there she is there. Kenji! How about doing our team play video. You're going to the front gate (You're a professional).
Kenji:　Huh? Front gate? I'm going to the library.

🀄 智秀：这次组发表要有个人拍视频，谁来呢？
王红：叫建治来怎么样？哦？他正好在那边。
　　　建治，这次我们组发表视频你能帮我们拍一下吗？
　　　你去正门（是专家）啊。
建治：哦？正门？我在去图书馆啊。

🇯 智秀：今回のグループワークでは動画を上手く撮らないといけないんだけど、誰がしたらいいかな？
王紅：動画なら建治はどう？ あ、ちょうどあそこにいるよ。建治！ うちのグループワークの動画、あなたがするのはどう？ 正門行く（専門家）じゃない？
建治：え？ 正門？ 僕、今、図書館に行くんだけど。

88

🇪 Receptionist:　Would you like to sign up? Which class would you like?
Wanghong:　China (Intermediate).
Receptionist:　Sorry? Not your nationality. Which level would you like?
Wanghong:　Yes. Chinese (intermediate) class.

🀄 职员：您要报名吗？要报哪个班？
王红：要中国（中级）。
职员：啊？不是国籍，您要报什么级别的？
王红：是啊，我就是要报中国（中级）班啊。

🕤 受付: 申込みされますか？ どのクラスをご希望されますか？
　　王紅: 中国(中級)です。
　　受付: はい？ 国籍ではなく、どのレベルがご希望ですか？
　　王紅: はい。 ですから中国(中級)クラスです。

89

🇪 Jisu:　Kenji, try some of this coffee. How is it?
　Kenji:　hmm.. The coffee is too friendly (strong).
　Jisu:　Huh? Your friendly with coffee?
　Kenji:　Yeah. We're too friendly (It's too strong). I can't drink it.

🇨 智秀: 建治，你尝尝这个咖啡，味道怎么样？
　　建治: 哦～咖啡很要好（浓）啊。
　　智秀: 啊? 你和咖啡关系好？
　　建治: 是啊，太要好（浓）了，喝不了。

🕤 智秀: 建治、このコーヒーちょっと飲んでみて。 味はどう？
　　建治: う〜ん。 コーヒーがすごく親しい(濃い)みたい。
　　智秀: え？ コーヒーと親しいですって？
　　建治: うん。 すごく親しくて(濃くて)飲めないよ。

90

🇪 Kenji:　Here you are? Where's the stew (tongs)?
　Employee:　Pardon? Stew? This isn't a restaurant.
　Kenji:　Ah. Not that. You know stew (tongs). What you use to pick something up.
　Employee:　Ah! Tongs! Come this way.

🇨 建治: 请问，这里有卖炖汤（夹子）吗？
　　店员: 啊? 炖汤? 这里不是饭店啊。
　　建治: 啊! 不是的，我是说炖汤（夹子），夹东西的时候用的。
　　店员: 啊! 你说夹子啊，请到这边来。

🕤 建治: すみません。 チゲ(トング)はどこにありますか？
　　店員: はい？ チゲですか？ ここは食堂ではないんですが。
　　建治: あ! そうでなくてですね。 チゲ(トング)ありますよね。 何か掴むときに使うものです。
　　店員: あ! トングですね。 こちらにどうぞ。

91

🇪 Taemin:　Please poor some of this soup into the bowl.
　Kenji:　Ok. Shall I taste it? Ah it's cold (salty)!
　Taemin:　Huh? It's cold? Would you like me to heat it up some more?

🇨 泰民: 帮我在这个碗里称一点汤。
　　建治: 好的，我尝一下。哎呀好凉（咸）。
　　泰民: 凉? 还要在熬一会儿吗？

Ⓙ 泰民: このスープ、ちょっと器によそって。
　　建治: 分かった。おいしいかどうか、一度飲んでみようか？ あ、冷たい（塩辛い）！
　　泰民: え？ 冷たい？ もう少し温めないとかな？

92

Ⓔ Head of department: Did anyone call while I was out?
　　Jinyoung: Yeah. The chancellor (dean) called and asked for you to come to president's (dean's) office when you come in.
　　Head of department: The president? Okay.
　　(Awhile later at the president's office)
　　Head of department: It's chief Kim Junsu. The president asked me to come so I am here.
　　Secretary: Huh? The president is currently overseas for a business trip.

Ⓒ 科长: 我不在的时候有人来找我吗？
　　陈勇: 是的，校长（处长）说您回来就叫您去他办公室一趟。
　　科长: 校长是吧？知道了。
　　（稍后，校长室）
　　科长: 我是金俊秀科长，校长叫我来一趟。
　　秘书: 啊？校长现在在国外出差呢。

Ⓙ 課長: 私がいない間に連絡がありましたか？
　　陳勇: はい。総長（処長）から、課長が戻り次第、総長（処長）室に来るようにとのことでした。
　　課長: 総長が？ 分かりました。
　　（しばらくして、総長室にて）
　　課長: 課長のキム・ジュンスです。総長から来るように言われ、来ました。
　　秘書: はい？ 総長は、いま海外出張中ですが。

93

Ⓔ Taemin: The team project seemed to finish successfully.
　　Kenji: Everyone worked hard but you had a big role to play. Because everyone was moist (made short work of it).
　　Taemin: What? Moist? Me? Hahaha

Ⓒ 泰民: 这次的组发表算是成功结束了。
　　建治: 虽然大家都很努力，但是你的功劳最大，
　　　　　做什么事情都湿润润的（得心应手）。
　　泰民: 什么？湿润润？在说我吗？哈哈。

泰民: 今回のグループワークは成功に終わったな。
建治: みんな一生懸命したけど、その中でもお前の役割が大きかったよ。
何でもしっとりと(てきぱきと)やってくれたし。
泰民: 何？ しっとりだと？ 僕が？ ははは〜。

94

Wanghong: Yesterday I learnt heart (go stop).
Jisu: Huh? Heart? Did you learn how to draw a heart?
Wanghong: No. I learnt how to play go stop.

王红: 我昨天学心形（玩花图）了。
智秀: 哦？心形？是学画心形的方法吗?
王红: 不是，是玩心形（玩花图）的方法。

王紅: 私、昨日ハート(花札)習ったの。
智秀: え？ ハートを習ったの？ 描き方を習ったってこと？
王紅: 違うよ。ハート(花札)のやり方を習ったの。

95

Taemin: Kevin, what are you doing?
Kevin: I am studying about patients (Chinese characters).
Taemin: Patients? Why? Are you interested in medicine?
Kevin: If I study patients (Chinese Characters) it will help me with my Korean studies like you told me.

泰民: 凯文，在忙什么?
凯文: 我在学患者（汉字）。
泰民: 患者？你对医学感兴趣?
凯文: 啊？你不是说学患者（汉字）对学韩语有帮助吗?

泰民: ケビン、何をしていますか？
ケビン: 患者(漢字)について勉強しています。
泰民: どうして患者を？ 医学に興味があるんですか？
ケビン: え？ 患者(漢字)の勉強をすれば、韓国語の勉強に役立つと泰民さんが言ったじゃないですか。

96

Kenji: Excuse me. How much is this?
Taemin: Kenji wait a minute can you pay for this as well please? I will give you the money in a minute.
Kenji: I'll pay altogether thanks. How much is it in total?

建治: 请问总共多少钱?
泰民: 建治等一下! 这个也一起算吧，一会儿给你钱。
建治: 这个也一起算吧，合计多少钱?

🇯 建治: すみません。いくらですか？
　　泰民: 建治、ちょっと待って。これも一緒に払っておいて。後でお金あげる
　　　　から。
　　建治: これも一緒に計算してください。全部でいくらですか？

97

🇪 Mika:　　Yesterday, Taemin and I broke up.
　Jisu:　　Wow! Are you ok?
　Mika:　　Yeah. The weather was good and it was really fun.
　Jisu:　　You broke up with Taemin and it was really fun?

🇨 美香: 昨天和泰民分手了（游泳了）。
　智秀: 天啊，不要紧吧。
　美香: 恩，天气也好真的很开心。
　智秀: 和泰民分手你还说开心？

🇯 美香: 昨日、泰民さんと別れました（泳ぎました）。
　智秀: あら！今、大丈夫ですか？
　美香: はい。天気も良くて、本当に面白かったです。
　智秀: 泰民と別れたのに、面白かったんですか？

98

🇪 Mika:　　Taemin, what are you doing?
　Taemin: I am buying walnut snacks. My grandfather likes them.
　Mika:　　Wow. Taemin, you're such a good grandson.
　Taemin: What? I'm just buying him some walnut snacks.

🇨 美香: 泰民，忙什么呢?
　泰民: 买核桃饼呢，我爷爷喜欢吃这个。
　美香: 泰民平时也这么孝顺啊。
　泰民: 哪有，也就是买点核桃饼。

🇯 美香: 泰民さん、何していますか？
　泰民: クルミのお菓子を買っています。祖父が好きなんですよ。
　美香: 泰民さんはいつもお祖父さん孝行をたくさんしているんですね。
　泰民: いや〜。クルミのお菓子を買っただけですよ。

99

Ⓔ (Phone Conversation)
Jisu: Mika, what are you doing?
Mika: A new teashop opened nearby so I'm going to drink alone (tea).
Jisu: Why are you going alone? Do you want me to go with you?
Mika: Ah..It's ok. I'm going to drink alone (tea) while writing my report.
Jisu: Ah ok. See you tomorrow in class. (Does she hate me?)

Ⓒ (打电话)
智秀：美香，现在干什么呢？
美香：附近新开了一家茶店，我正独自（红茶）去喝呢。
智秀：怎么一个人去啊？　要不我和你一起去？
美香：没关系，正好我要写报告就想独自（红茶）去喝。
智秀：是吗？那明天上课的时候见。
　　　（是不是嫌弃我啊？）

Ⓙ (電話で)
智秀：美香さん。今、何していますか？
美香：近くに喫茶店ができたので、ひとりで(紅茶)飲みに出かけるところです。
智秀：どうしてひとりで行くんですか？ 私も一緒に行きましょうか？
美香：あ〜、大丈夫です。レポートも書くついでに、ひとりで(紅茶)飲もうと思っていますから。
智秀：そうですか。じゃあ、明日授業で会いましょう。(私のこと嫌いなのかな？)

100

Ⓔ Jinyoung: I was crossing the pedestrian crossing before when I was shocked.
Mika: Why? What happened?
Jinyoung: The light was green so I was about to cross the road when all of a sudden a motorbike drove by. Next time even when the light is green I will have to look around carefully.

Ⓒ 陈勇：刚才过马路把我吓一跳。
美香：怎么了？
陈勇：人行道上的绿灯亮了我正准备过马路，突然一辆摩托车从我前面驶过，下次就算是绿灯亮了也得看看左右再过。

Ⓙ 陳勇：さっき横断歩道を渡ってたんだけど、すごいヒヤッとした。
美香：どうしたんですか？ 何かあったんですか？
陳勇：青信号だったから渡ったんだけどさ、突然オートバイが通り過ぎたんだよ。次からは青信号でもよく注意して渡らないとな。

1장 ㄱ ㄲ ㅋ

1. 1)

   2)

2. 1) 겨울
   2) 지금 고향에 가요.

4. 1) 계단
   2) 기관
   3) 교류
   4) 콩

2장 ㄴ

1. 1)

   2)

2. 1) 낫다
   2) 내용을 좀 보여주세요.

4. 1) 노을
   2) 넘다
   3) 날다
   4) 느낌

3장 ㄷ ㄸ ㅌ

1. 1)

   2)

2. 1) 특히
   2) 사탕이 달아요.

4. 1) 동사
   2) 떡
   3) 대화
   4) 당선

4장 ㅁ

1. 1)

   2)

2. 1) 모습
   2) 마음이 예뻐요.

4. 1) 맵다
   2) 막걸리
   3) 매연
   4) 문화

1. 1) 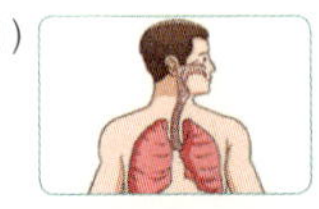
   2)

2. 1) 풀
   2) 팔이 아파요.

4. 1) 빨리
   2) 복습
   3) 부채
   4) 팩

1. 1)
   2)

2. 1) 실내
   2) 그 가게에서 수첩을 팔고 있어요.

4. 1) 신촌
   2) 상처
   3) 서식
   4) 손

1. 1) 
   2) 

2. 1) 이빨
   2) 저는 운동을 좋아해요.

4. 1) 얘기
   2) 의상
   3) 은행
   4) 역

1. 1) 
   2) 

2. 1) 장남
   2) 총장님께 전화가 왔습니다.

4. 1) 졸리다
   2) 지갑
   3) 취소
   4) 초과

1. 1) 

   2) 

2. 1) 환전
   2) 혼자 마시고 싶어요.

4. 1) 항복
   2) 형제
   3) 효도
   4) 휴직

한국어의 로마자 표기는 한국어의 표준 발음법에 따라 적는 것을 원칙으로 합니다. 여러 가지 원칙이 있지만 가장 기본적인 내용은 아래와 같습니다.

Romanization of Korean representation is, in principle, written according to the rules of standard pronunciation. There are several principles, but the basic rules are as follows:

韩语中的罗马字标注法的原则为按照韩国语的标准发音方法标注。虽然有很多原则，但是主要内容为以下几点。

韓国語のローマ字表記は韓国語の標準発音法に従って綴ることを原則とする。様々な規則があるが、最も基本的なものは下記のとおりである。

제1항 모음은 다음 각호와 같이 적는다.

The vowels are as follows.

母音按照下列方式标注。

母音は各号のように綴る。

1. 단 모음 Monophthong (Single Vowel)/单母音/単母音

ㅏ	ㅓ	ㅗ	ㅜ	ㅡ	ㅣ	ㅐ	ㅔ	ㅚ	ㅟ
a	eo	o	u	eu	i	ae	e	oe	wi

2. 이중 모음 Dipthong (Double vowel)/双母音/二重母音

ㅑ	ㅕ	ㅛ	ㅠ	ㅒ	ㅖ	ㅘ	ㅙ	ㅝ	ㅞ	ㅢ
ya	yeo	yo	yu	yae	ye	wa	wae	wo	we	ui

제2항 자음은 다음 각호와 같이 적는다.

The consonants are as follows.

子音按照下列方式标注。

子音は各号のように綴る。

1. 파열음 Plosives/破裂音/破裂音

ㄱ	ㄲ	ㅋ	ㄷ	ㄸ	ㅌ	ㅂ	ㅃ	ㅍ
g, k	kk	k	d, t	tt	t	b, p	pp	p

2. 파찰음 Affricates/破擦音/破擦音

ㅈ	ㅉ	ㅊ
j	jj	ch

3. 마찰음 Fricatives/摩擦音/摩擦音

ㅅ	ㅆ	ㅎ
s	ss	h

4. 비음 Voiced/鼻音/鼻音

ㄴ	ㅁ	ㅇ
n	m	ng

5. 유음 Liquid/流音/流音

ㄹ
r, l

[붙임 1] 'ㄱ, ㄷ, ㅂ'은 모음 앞에서는 'g, d, b'로, 자음 앞이나 어말에서는 'k, t, p'로 적는다. ([ ]안의 발음에 따라 표기함.)

[Appendix 1] 'ㄱ, ㄷ, ㅂ', if in front of a vowel are written as "g, d, b'. If they are in front of a consonant or at the end of a word they are written as ' k, t, p". (It is written according to the pronunciation within [ ])

[附1] 'ㄱ,ㄷ,ㅂ' 在母音前标注为 'g,d,b', 在子音前或语尾时标注为 'k,t,p'（根据[ ]里的发音标注）。

〔付記1〕「ㄱ,ㄷ,ㅂ」は母音の前では「g, d, b」と、子音の前や語末では「k, t, p」と綴る。（〔 〕内の発音に従って表記する。）

구미 Gum 영동 Yeongdong 백암 Baegam
합덕 Hapdeok 호법 Hobeop 월곶[월곧] Wolgot
벚꽃[벋꼳] beotkkot 한밭[한받] Hanbat

[붙임 2] 'ㄹ'은 모음 앞에서는 'r'로, 자음 앞이나 어말에서는 'l'로 적는다. 단. 'ㄹㄹ'은 'll'로 적는다.

[Appendix 2] 'ㄹ' is written as an 'r' in front of a vowel and an 'l' when in front of a consonant or at the end of a word. 'ㄹ ㄹ' is written as 'll'.

[附2] 'ㄹ' 在母音前标注为 'r', 在子音前或语尾时标注为 'l'。但遇 'ㄹㄹ' 时, 标注为 'll'。

〔付記2〕「ㄹ」は母音の前では「r」、子音の前や語末では「l」と綴る。ただし、「ㄹㄹ」は「ll」と綴る。

구리 Guri 설악 Seorak 칠곡 Chilgok
임실 Imsil 울릉 Ulleung 대관령[대괄령]Daegwallyeong